Ihr Recht auf Reha

Alles über Antragstellung, Leistungen und Zahlung

Christian Au ist Fachanwalt für Sozialrecht und lebt in der Nähe von Hamburg.

1. Auflage, 2014, 6.000 Exemplare

ISBN 978-3-86336-025-2
Printed in Germany

Gedruckt auf 100 % Recyclingpapier

Inhalt

6 Einführung

9 **Überblick: Ihr Weg zur Reha**

10 Die vier verschiedenen Arten der Rehabilitation
13 Ambulante oder stationäre Rehabilitation?
14 Wann Ihnen Rehamaßnahmen zustehen

19 **Vom Antrag zur Bewilligung: So gehen Sie vor**

20 Der Antrag
23 Beratung in Anspruch nehmen
25 Überblick: Was Sie bei der Antragstellung beachten sollten
26 Die Bewilligung
27 Ablehnender Bescheid: was tun?
27 Das Widerspruchsverfahren
29 Das Klageverfahren
30 Das sozialgerichtliche Eilverfahren
30 Die Kosten

33 **Leistungen und Zahlung: Wer ist zuständig?**

36 Die Träger der Rehabilitation
40 Was geschieht, wenn Ihr Antrag nicht den richtigen Träger erreicht?

43 **Medizinische Rehabilitation**

44 Rehabilitationsbedürftigkeit und -prognose
46 Was Ihnen zusteht und wer die Leistungen erbringt
46 Ärzte, Zahnärzte und Angehörige anderer Heilberufe
47 Früherkennung und Frühförderung bei Kindern
50 Medizinische Rehabilitation für Mütter und Väter

52 Medizinische, psychologische und pädagogische Hilfen
54 Onkologische Rehabilitation
56 Heilmittel, Sprach- und Beschäftigungstherapie
57 Psychotherapie als ärztliche und psychotherapeutische Behandlung
61 Hilfsmittel
66 Stufenweise Wiedereingliederung
69 Belastungserprobung und Arbeitstherapie
74 Anschlussrehabilitation
75 Wenn Reha zur Rente führt
76 Rehabilitation im Ausland
80 Wieder zu Hause: was nach der Reha wichtig ist
80 Rehabilitationssport
81 Ärztlich verordnetes Funktionstraining

83 Weitere Rehabilitationsleistungen

84 Geriatrische Rehabilitation
86 Berufliche Rehabilitation
88 Hilfen zur Erhaltung oder Erlangung eines Arbeitsplatzes
98 Berufliche Anpassung, Weiterbildung und berufliche Ausbildung
99 Gründungszuschuss
103 Sonstige Hilfen zur Förderung der Teilhabe am Arbeitsleben
107 Soziale Rehabilitation
108 Versorgung mit anderen Hilfsmitteln oder Hilfen
109 Heilpädagogische Leistungen für Kinder, die noch nicht eingeschult sind
111 Hilfen für ältere Kinder
112 Hilfen zur Teilhabe am gemeinschaftlichen und kulturellen Leben

115 Finanzielle Unterstützung für Leistungsempfänger

116 Reisekosten
119 Haushalts- oder Betriebshilfe und Kinderbetreuungskosten
121 Kurzfristiges Erwerbsersatzeinkommen
121 Krankengeld
125 Verletztengeld
126 Übergangsgeld
128 Versorgungskrankengeld
128 Ausbildungsgeld
129 Unterhaltsbeihilfe
130 Beiträge und Beitragszuschüsse

133 Anhang

134 Wichtige Adressen
139 Adressen der Verbraucherzentralen
141 Register
144 Impressum

Einführung

Dieser Ratgeber befasst sich mit dem Recht auf Rehabilitation. Die nach wie vor geläufigste Rehabilitationsleistung ist die sogenannte stationäre Reha, im Volksmund unter dem Namen „Kur“ bekannt.

Tatsächlich umfasst der Strauß der Rehabilitationsleistungen aber unzählige weitere Ansprüche und Gestaltungsmöglichkeiten. Überwiegend wurden sie seit 2001 im Sozialgesetzbuch – IX. Buch – „Rehabilitation und Teilhabe behinderter Menschen“ (SGB IX) zusammengefasst. Die Ansprüche stehen dabei gleichermaßen behinderten Menschen sowie solchen Menschen zu, die von einer Behinderung „bedroht“ sind. Zu den Rehabilitationsleistungen gehören daher insbesondere ambulante oder stationäre Rehabilitationsmaßnahmen, die infolge eines Unfalls oder einer chronischen Erkrankung durchgeführt werden.

Oftmals sind den rehabilitationsbedürftigen Menschen ihre rechtlichen Ansprüche und Möglichkeiten gar nicht oder nicht ausreichend bekannt. Die Träger der Rehabilitationsleistungen sind gewiss bemüht, entsprechend ihrem gesetzlichen Auftrag umfassende Aufklärungsarbeit zu betreiben. Aus verschiedenen Gründen ist sie letztlich jedoch häufig nicht so umfassend, wie es nötig wäre. Auch die Leistungserbringer im Gesundheitswesen sind häufig derart in ihr Tagesgeschäft eingebunden, dass sie selbst nicht alle Möglichkeiten kennen oder nicht so beraten können, wie es für die Patienten bzw. Laien auf dem wenig transparenten Gebiet notwendig wäre.

Dieser Ratgeber gibt Ihnen eine Hilfestellung bei der Orientierung im Recht der Rehabilitation. Nur wenn Sie einen Überblick über mögliche Ansprüche und potenziell zuständige Leistungsträger haben, werden Sie letztlich Ihr Recht auf eine umfassende Rehabilitation verwirklichen können.

Das Buch beginnt mit einem Überblick über die Arten der Rehabilitation und erklärt in **Kapitel 2,** wie ein Antrag gestellt wird.

In **Kapitel 3** werden Ihnen die einzelnen Rehabilitationsträger vorgestellt, die jeweils für spezifische Leistungen zuständig sind.

In **Kapitel 4** werden ausführlich die Leistungen der medizinischen Rehabilitation beleuchtet.

Kapitel 5 informiert über die geriatrische, berufliche und soziale Rehabilitation. Die einzelnen Anspruchsgrundlagen werden detailliert dargestellt, verschiedene Gestaltungsmöglichkeiten bei der Inanspruchnahme von Leistungen erläutert und unterschiedliche Fallgestaltungen im Einzelnen durchgespielt. So wird deutlich, wie Sie für sich das Passende herausholen können.

Kapitel 6 befasst sich mit einzelnen Posten finanzieller Unterstützung, wie etwa Reisekosten, Übergangsgeld und Ähnliches.

Überblick: Ihr Weg zur Reha

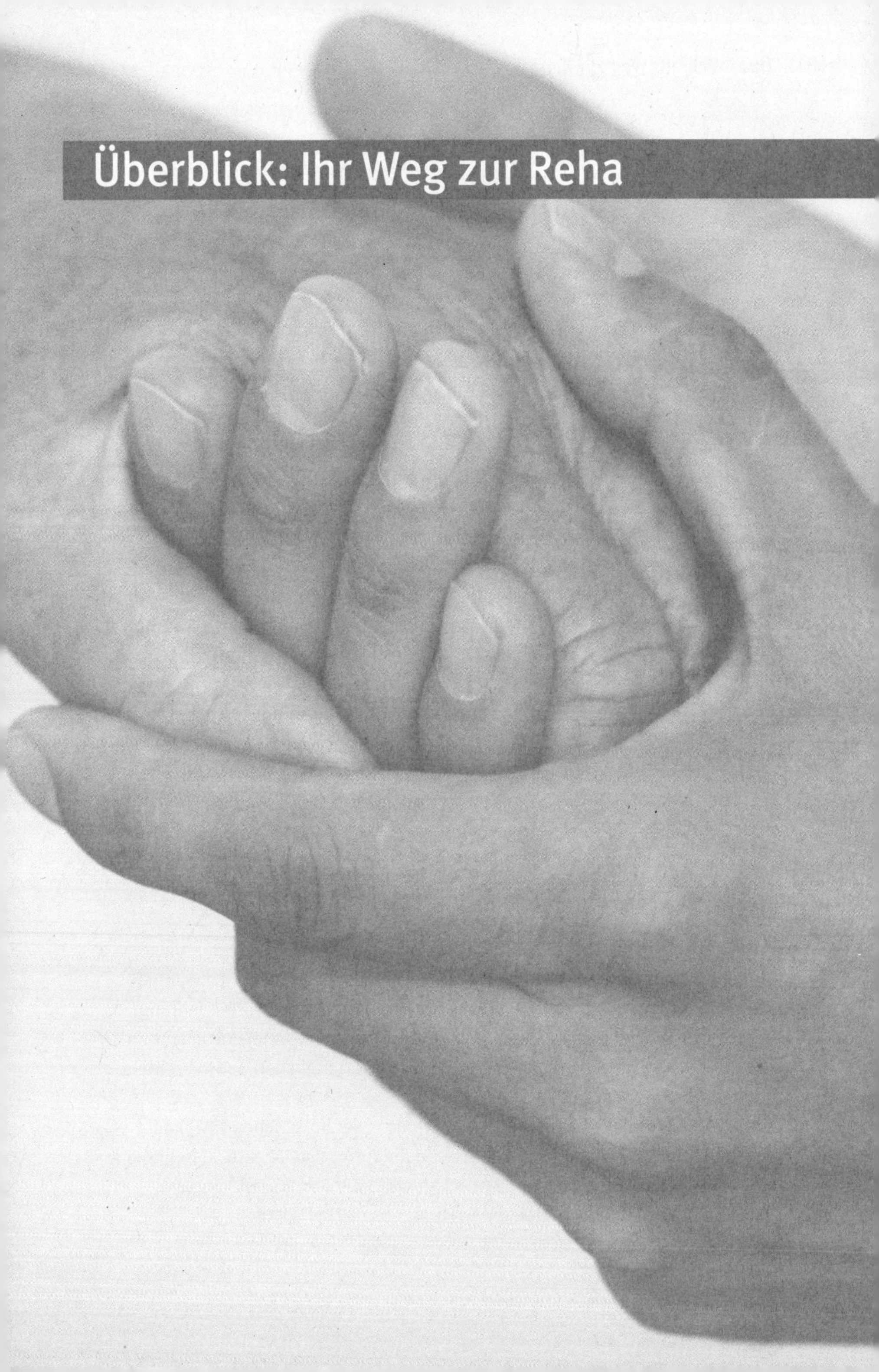

Die vier verschiedenen Arten der Rehabilitation

Man kann die Rehabilitationsleistungen grundsätzlich in vier Bereiche unterteilen:
1. die medizinische,
2. die berufliche,
3. die soziale und
4. die geriatrische Rehabilitation.

1. Die **medizinische Rehabilitation** umfasst alle notwendigen Leistungen, die erforderlich sind, um eine drohende Behinderung oder chronische Krankheit abzuwenden. Sie beinhaltet ferner Leistungen, die eine bestehende Behinderung oder chronische Krankheit lindern oder ausgleichen können. Auch deren Verschlimmerung soll durch medizinische Rehabilitationsleistungen vermieden werden. Sie sollen aber auch Einschränkungen der Erwerbsfähigkeit und Pflegebedürftigkeit vorbeugen oder sie mindern und damit den vorzeitigen Bezug von laufenden Sozialleistungen vermindern oder laufende Sozialleistungen senken.

Beispiele für Leistungen der medizinischen Rehabilitation

- **Ambulante oder stationäre Rehabilitationsmaßnamen.** Sie erhalten Anwendungen in einer Kureinrichtung, wobei Sie zu Hause oder im Kurort wohnen und die Leistungen ambulant erhalten oder stationär in der Kureinrichtung.
- **Rehasport oder Herzsport.** Sie nehmen dabei ein- oder zweimal wöchentlich an gymnastischen Übungsstunden teil, die vorrangig von Sportvereinen durchgeführt werden.
- **Förderung der stufenweisen Wiederaufnahme einer beruflichen Tätigkeit.** Sie kommen nach schwerer Erkrankung an die Arbeitsstelle zurück, beginnen mit zwei oder drei Stunden pro Tag und steigern die Arbeitszeit langsam. Statt des Arbeitslohns erhalten Sie Leistungen vom Rehaträger.

2. Als Leistungen zur Teilhabe am Arbeitsleben – **berufliche Rehabilitation** – werden erforderliche Leistungen erbracht, um die Erwerbsfähigkeit des Betroffenen entsprechend seiner Leistungsfähigkeit zu erhalten, zu verbessern oder wiederherzustellen und ihm die Teilhabe am Arbeitsleben möglichst auf Dauer zu sichern. Die Träger können Ihnen hierzu beispielsweise Berufsvorbereitungsmaßnahmen und Praktika, eine berufliche Ausbildung oder Weiterbildung bewilligen, Existenzgründerzuschüsse oder sonstige Hilfen wie Kraftfahrzeughilfen gewähren. Weisen Sie Ihren Arbeitgeber darauf hin, dass auch Eingliederungszuschüsse – also Leistungen an Arbeitgeber – zu diesen Teilhabeleistungen gehören.

Beispiele für Leistungen der beruflichen Rehabilitation

- Anpassung des Arbeitsplatzes an körperliche Einschränkungen (zum Beispiel höhenverstellbarer Schreibtisch)
- Behinderungsbedingt erforderliche Umschulung und Weiterbildung
- Hilfe bei der Beschaffung und Umrüstung eines Autos

3. Die **soziale Rehabilitation** zur Teilhabe am Leben in der Gemeinschaft umfasst Leistungen, die behinderten Menschen die Teilhabe am Leben in der Gesellschaft ermöglichen oder sichern oder sie so weit wie möglich unabhängig von Pflege machen. Im umfassenden Sinne bedeutet Teilhabe, unter normalen Bedingungen am gesellschaftlichen und wirtschaftlichen Leben teilnehmen zu können. Hierfür ist es erforderlich, jene Faktoren zu beseitigen, die dazu führen, dass jemand aufgrund seiner körperlichen oder psychischen Konstitution benachteiligt wird. So soll beispielsweise einem Rollstuhlfahrer ermöglicht werden, eine Veranstaltung, die eigentlich nur über

Treppen erreicht werden kann, zu besuchen, oder einem gehörlosen Teilnehmer mithilfe eines Gebärdendolmetschers die Möglichkeit gegeben werden, sich selbst inhaltlich dort einzubringen. Auch gehören Wahlen zur Teilnahme am gesellschaftlichen Leben – die Briefwahl zum Beispiel ermöglicht es mobil eingeschränkten Menschen an der jeweiligen Wahl teilzunehmen, ohne aus dem Haus gehen zu müssen. In der Politik wird Teilhabe im Sinn von Inklusion vor allem durch eine Gleichstellung verwirklicht.

4. Eine weitere, jedoch nicht speziell gesetzlich geregelte Form der Rehabilitation ist die **geriatrische Rehabilitation**. Hierbei handelt es sich vorrangig um die Versorgung älterer Menschen bzw. pflegebedürftiger Menschen, denen aufgrund einer sogenannten Multimorbidität (Mehrfacherkrankung) Wege zur Selbstständigkeit (wieder-)eröffnet werden sollen.

Die verschiedenen Phasen der Rehabilitation

Jede Rehabilitation findet in unterschiedlichen Phasen statt – die Akutbehandlung im Krankenhaus, die sogenannte Früh-Reha für Patienten mit Bewusstseinseinschränkungen, die weiterführende Rehabilitation für bewusstseinsklare Patienten, die Anschlussheilbehandlung für weitgehend selbstständige Patienten, die aktiv an der Maßnahme teilnehmen können, die Nachsorge und berufliche Rehabilitation und schließlich die aktivierende, zustandserhaltende Langzeitpflege, die für Patienten mit hoher Pflegebedürftigkeit in Betracht kommt.

Ambulante oder stationäre Rehabilitation?

Die **ambulante Rehabilitation** findet in Wohnortnähe statt und berücksichtigt im Gegensatz zur stationären Rehabilitation in besonderem Maße die selbstständige Bewältigung des alltäglichen Lebens. Sie wohnen zu Hause und nehmen unterschiedliche Termine wahr, zum Beispiel in Form von regelmäßigen Besuchen beim Physiotherapeuten. Damit Sie die selbstständige Aktivität in Ihrer gewohnten Umgebung so früh wie möglich trainieren können, bevorzugen die Rehabilitationsträger oft ambulante Rehabilitationsverfahren. Die Träger sparen dabei erhebliche Kosten und Sie haben so die Möglichkeit, in der häuslichen Umgebung gesund zu werden.

Während einer **stationären Reha** finden die verschiedenen Phasen bis auf die Akutbehandlung in einer speziellen Rehabilitationsklinik statt. Dabei steht die Wiedereingliederung in den Alltag und den Beruf im Vordergrund. Neben der ärztlichen Versorgung werden die rehabilitativen Maßnahmen durch ein interdisziplinäres Team aus Pflegekräften, Physio-, Ergo- und Sprachtherapeuten sowie Psychologen und Sozialarbeitern übernommen. Sie arbeiten gemeinsam an den für Sie individuell festgelegten Zielen.

! Wichtig

Rehabilitationsmaßnahmen werden in der Regel bei Erwachsenen für drei Wochen und bei Kindern und Jugendlichen für vier Wochen genehmigt. Nach Ablauf von vier Jahren können Sie erneut stationäre Rehabilitationsmaßnahmen beantragen, es kann aber in bestimmten Fällen, insbesondere bei Kindern und Jugendlichen, auch schon früher angezeigt sein, einen neuen Antrag zu stellen (Seite 20 ff.).

Eine weitere Möglichkeit ist die **ambulante/teilstationäre Rehabilitation.** Das Therapieangebot entspricht dem der stationären Behandlung. Der Patient wohnt jedoch bereits zu Hause und wird an Werktagen tagsüber in einer stationären Einrichtung behandelt, der sogenannten Tagesklinik.

Wann Ihnen Rehamaßnahmen zustehen

Potenzielle Anspruchsinhaber für alle Leistungen der Rehabilitation sind Menschen mit Behinderung sowie von Behinderung bedrohte Menschen. Das heißt für Sie: Wollen Sie die Systematik des Rechts der Rehabilitationsleistungen für sich erschließen, um die eine oder andere Leistung erfolgreich zu beantragen, müssen Sie die Haltung des Gesetzgebers verinnerlichen, der davon ausgeht, dass Sie als Antragsteller, der eine Rehabilitationsleistung in Anspruch nehmen möchte, zumindest von einer Behinderung bedroht sind.

Beispiel: *Herr Meier, 72 Jahre, ist noch sehr rüstig. Seit er vor neun Jahren in Rente gegangen ist, kümmert er sich vor allem um Haus und Garten. Oft ist er auch mit seinen Enkelkindern unterwegs. Dann der Schock: Beim Heckeschneiden fällt er von der Leiter und erleidet einen Oberschenkelhalsbruch. Im Krankenhaus muss er sich einer langwierigen Behandlung unterziehen. Doch auch nach seiner Rückkehr nach Hause hat er noch massive Beschwerden. Als er bei der Nachbarin über seine Einschränkungen klagt, schlägt sie ihm vor, er solle eine Reha machen. Auf diese Idee ist er bisher noch nicht gekommen und auch seine behandelnden Ärzte haben ihn nicht darauf hingewiesen.*

Steht ihm eine stationäre und/oder ambulante Reha zu? Ja – als zumindest von einer Behinderung bedrohter Mensch darf er Reha-Leistungen in Anspruch nehmen. Denn im vorliegenden Fall droht eine Chronifizierung seines Leidens, wenn nicht möglichst rasch nach dem Unfall alle Rehabilitationsmaßnahmen ausgeschöpft werden.

Bedingt durch die Stigmatisierung des Begriffes „Behinderung" neigen wir dazu, eine drohende Behinderung oder gar das Vorliegen einer Behinderung weit von uns zu weisen. Dieses Verhalten ist durchaus verständlich. Im Zusammenhang mit der Beantragung einer Rehabilitationsleistung ist diese Einstellung jedoch kontraproduktiv. Wenn Sie selbst schon nicht davon überzeugt sind, dass Sie – jedenfalls bei unbehandeltem Krankheitsverlauf – von einer Behinderung bedroht sind, wie soll dann der Leistungsträger davon überzeugt werden, dass Sie die begehrte Rehabilitationsleistung benötigen?

Nach der Definition des SGB IX sind Menschen behindert, wenn ihre körperliche Funktion, geistige Fähigkeit oder seelische Gesundheit mit hoher Wahrscheinlichkeit länger als sechs Monate von dem für das Lebensalter typischen Zustand abweichen und daher ihre Teilhabe am Leben in der Gesellschaft beeinträchtigt ist. Dies ist auch bei Herrn Meier aus dem obigen Beispiel der Fall. Die bleibenden Beeinträchtigungen nach dem Sturz erfüllen die Kriterien einer Behinderung. Es gilt, die Beeinträchtigungen zu lindern oder wenigstens eine Verschlimmerung zu vermeiden.

Damit Ihr Anspruch auf Reha als Mensch mit einer (drohenden) Behinderung anerkannt wird und Sie einen entsprechenden Ausweis erhalten, müssen Sie einen Antrag beim zuständigen Versorgungsamt stellen, siehe Seite 19 ff. (§ 69 SGB IX). Sie sind von einer Behinderung bedroht, wenn eine Beeinträchtigung zu erwarten ist. Ob eine Behinderung zu erwarten ist, ist durch Fachleute zu ermitteln. Welches Versorgungsamt für Sie zuständig ist, erfahren Sie beispielsweise bei Ihrer Gemeinde oder unter www.versorgungsaemter.de.

Das Grundprinzip des Rehabilitationssystems in Deutschland besteht darin, dass mit möglichen Hilfen und Maßnahmen nicht abgewartet wird, bis eine Behinderung eingetreten ist. Vielmehr müssen die Leistungen früher einsetzen, nämlich bereits dann, wenn eine Behinderung droht.

Als „von Behinderung bedroht" und dadurch mit einem Anspruch auf Reha-Leistungen gelten:

- chronisch kranke Menschen. Denn die Fortschreitung der Krankheit kann später zu Beeinträchtigungen der Aktivitäten und zu Problemen bei der Teilhabe am beruflichen und gesellschaftlichen Leben führen. Beispielhaft zu nennen sind hier Krankheiten wie Diabetes mellitus, Multiple Sklerose oder Morbus Crohn,
- Menschen, die nach einem Schlaganfall/Herzinfarkt oder einem Unfall bleibende Schäden zurückbehalten können.

Natürlich haben auch Menschen ohne eine bestehende oder drohende Behinderung Ansprüche auf Rehabilitationsleistungen unter anderem gegen die gesetzlichen Krankenversicherungen, Rentenversicherungen und Berufsgenossenschaften, wenn die Anspruchsvoraussetzungen der Leistungsgesetze dieser Träger erfüllt sind. Ein Antrag auf Rehabilitationsmaßnahmen (Seite 38 f.) ist gerechtfertigt, wenn die Erhaltung Ihrer beruflichen Leistungsfähigkeit gefährdet ist oder die Aussicht darauf besteht, eine zunächst erloschene

Arbeits- bzw. Berufsfähigkeit durch die Leistung wiederherzustellen. Vor diesem Hintergrund wird auch verständlich, dass die Rehabilitation außer akuten Erkrankungen gerade auch chronische Krankheiten mit ihren oft vielfältigen Funktionseinschränkungen betrifft. Oftmals sind gerade stationäre Maßnahmen durch ihre gezielte Tagesstrukturierung für eine umfassende und letztlich erfolgreiche Rehabilitation ehr förderlich.

Der Gesetzgeber hat mit dem IX. Sozialgesetzbuch ausdrücklich die Möglichkeit von stationären und ambulanten Rehabilitationsmaßnahmen vorgesehen. Rehabilitationsmaßnahmen sind als Instrument der Gesundheitsfürsorge und zur Wiederherstellung nach gesundheitlichen Schäden entwickelt worden. Sie sind also angebracht sowohl zur Vorbeugung als auch zur Milderung bereits eingetretener Schädigungen, die durch Unfälle oder Krankheit verursacht wurden.

Jeder Bürger kann Rehabilitationsmaßnahmen in Anspruch nehmen. Die Frage der Zuständigkeit ergibt sich aus Ihrem jeweiligen Status:

- Stehen Sie noch im **Arbeitsprozess**, so ist in der Regel der Rentenversicherungsträger zuständig.
- Beziehen Sie bereits eine **Rente**, so müssen Sie den Antrag auf Rehabilitationsmaßnahmen bei Ihrer Krankenkasse stellen. Alle Informationen dazu lesen Sie in Kapitel 3 ab Seite 44.
- Rehabilitationsmaßnahmen sind auch nach **Berufsunfällen** angezeigt. Hier werden die Leistungen von den Unfallversicherungsträgern (Berufsgenossenschaften und Unfallkassen) getragen.

Vom Antrag zur Bewilligung: So gehen Sie vor

Ihr Weg zur Reha beginnt mit der Stellung eines Antrags oder durch die Einleitung eines Verfahrens von Amts wegen. Insbesondere Leistungen der Kranken- und Pflegeversicherung, der Rentenversicherung oder der Agentur für Arbeit werden auf Antrag gewährt. Verfahren über Leistungen der gesetzlichen Unfallversicherung eröffnet die Unfallversicherung hingegen von Amts wegen, sobald sie Kenntnis von einem entsprechenden Sachverhalt erhält, in der Regel über die Unfallanzeige des Betriebs oder des Durchgangsarztes.

Grundsätzlich wird das Verfahren durch den Antragsteller oder seinen gesetzlichen Vertreter (zum Beispiel wenn ein Gericht einen Betreuer bestellt hat oder der Antragsteller minderjährig ist) geführt. Es kann aber auch einem Bevollmächtigten übertragen werden. Zu persönlichen Terminen (zum Beispiel auch zu ärztlichen Begutachtungen) darf eine dritte Person als Beistand mitgebracht werden.

Der Antrag

Wenn Sie der Auffassung sind, dass Ihnen eine Reha zusteht, ist die gängigste Möglichkeit, zunächst Ihren Hausarzt zu konsultieren und Ihr Anliegen mit ihm zu besprechen. Ihr Arzt wird Sie bei der Beantragung von Rehabilitationsleistungen in der Regel gern unterstützen. Es kann jedoch auch sein, dass Sie relativ deutlich nach Hilfe fragen müssen. Ob Ihr Antrag positiv oder negativ beschieden wird, hängt davon ab, ob die für die gewünschte Maßnahme erforderlichen Voraussetzungen erfüllt sind. Wesentliche Gesichtspunkte für einen positiven Bescheid sind die Einschätzungen, dass durch die Rehabilitationsmaßnahme ein Leiden gemildert, ein Krankheitsprozess verlangsamt oder eine krankheitsbedingte Einschränkung der beruflichen Leistungsfähigkeit gebessert werden kann. Die Voraussetzungen sind darüber hinaus gesetzlich geregelt und werden Ihnen im weiteren Verlauf des Ratgebers aufgezeigt (Seite 43 ff.).

Für die Beurteilung, welcher Rehabilitationsphase Sie zugeordnet werden können, füllt Ihr Arzt einen Fragebogen, den sogenannten Barthel-Index, aus, der auch dazu dient, Ihre Selbstständigkeit oder Pflegebedürftigkeit zu erfassen. Der Arzt bewertet die Aktivitäten des täglichen Lebens, wie zum Beispiel die Fähigkeit, sich selbstständig zu waschen, und vergibt je nach Beeinträchtigung einen Punktwert. Im Verlauf der Rehabilitation kann es dann bei zunehmender Selbstständigkeit zu einem Wechsel in die nächste Phase kommen. Gibt es schnelle Fortschritte bei der Selbstständigkeit, kann sogar eine Phase übersprungen werden.

Folgende Punkte werden im Barthel-Index erfasst:

1. Essen	
Selbstständig, benutzt Geschirr und Besteck oder selbstständige PEG-Beschickung (perkutane endoskopische Gastrostomie; Ernährung mittels Magensonde, die durch die Bauchdecke eingeführt wird)	10
Braucht Hilfe, zum Beispiel beim Schneiden oder Hilfe bei PEG-Beschickung	5
Total hilfsbedürftig und keine MS/PEG-Ernährung	0
2. Baden	
Badet oder duscht ohne Hilfe, inkl. Ein- und Ausstieg, reinigen und abtrocknen	5
Badet oder duscht mit Hilfe	0
3. Waschen	
Komplett selbstständig, inkl. kämmen, rasieren, Zähne putzen	5
Braucht Hilfe	0
4. An- und Auskleiden	
Unabhängig, inkl. Schuhe anziehen	10
Hilfsbedürftig, kleidet sich teilweise selbst an/aus	5
Total hilfsbedürftig	0

5. Stuhlkontrolle	
Kontinent	10
Teilweise inkontinent	5
Inkontinent	0
6. Urinkontrolle	
Kontinent	10
Teilweise inkontinent	5
Inkontinent	0
7. Toilettenbenutzung	
Unabhängig bei Benutzung der Toilette/des Nachtstuhls	10
Hilfe oder Aufsicht erforderlich, beim Spülen, Reinigen, Aus-/Anziehen oder Gleichgewicht halten	5
Benutzt weder Toilette noch Nachtstuhl	0
8. Bett-/(Roll-)Stuhltransfer	
Unabhängig (gilt auch für Rollstuhlfahrer)	15
Minimale Assistenz oder Supervision	10
Kann sitzen, braucht für den Transfer jedoch Hilfe	5
Bettlägerig	0
9. Bewegung	
Ohne personelle Hilfe vom Sitz in den Stand kommen und unabhängiges Gehen (auch mit Gehhilfe) für mindestens 50 m	20
Ohne personelle Hilfe vom Sitz in den Stand kommen und mindestens 50 m mithilfe eines Gehwagens gehen	10
Mit Laienhilfe oder Gehwagen vom Sitz in den Stand kommen oder im Wohnbereich komplett selbstständig im Rollstuhl	5
Kann sich nicht mindestens 50 m fortbewegen	0
10. Treppensteigen	
Unabhängig (auch mit Gehhilfe)	15
Braucht Hilfe oder Supervision	10
Kann nicht Treppensteigen	5
Gesamtpunktzahl (max. 100)	

Je höher der Wert, desto selbstständiger ist der Patient. Der Barthel-Index kann durch weitere Punkte im Frührehabilitationsbereich erweitert werden.

Im Recht der gesetzlichen Krankenversicherung ist neben dem Antrag auf die Gewährung der Leistung eine ärztliche Verordnung erforderlich. Die ärztliche Verordnung stellt eine wesentliche Voraussetzung des geltend gemachten Anspruchs dar, ohne die die Krankenkasse gar nicht erst die Prüfung des Antrags aufnimmt.

Tipp

Empfehlenswert ist, sich vor der Beantragung eines Hilfsmittels bereits frühzeitig mit einem Sanitätshaus oder einem anderen Hilfsmittelversorger in Verbindung zu setzen. Diese geben häufig auch wertvolle Tipps zu den Formulierungen auf der ärztlichen Verordnung, die Sie Ihrem behandelnden Arzt dann mitteilen können.

Beratung in Anspruch nehmen

Alle Sozialleistungsträger sind verpflichtet, zu etwaigen Ansprüchen in der konkret vorgetragenen Situation zu beraten und bei der korrekten und umfassenden Antragstellung behilflich zu sein. Träger können zum Beispiel Ihre Kranken- oder Rentenversicherung sein, aber auch die Agentur für Arbeit oder das Jobcenter. Darüber hinaus gibt es unabhängige Beratungsstellen, an die sich Patienten mit der Bitte um Beratung wenden können. Eine Liste wichtiger Adressen finden Sie im Anhang (Seite 134 ff.)

Anträge unterliegen in der Regel keinerlei Formerfordernissen, sie können daher schriftlich, persönlich zur Niederschrift, telefonisch, per E-Mail oder per Fax gestellt werden.

Die Träger haben bei eingehenden Anträgen unverzüglich zu prüfen, ob sie für diesen Anspruch zuständig sind. Wenn nicht, müssen sie den Antrag an den zuständigen Träger weiterleiten. Unter gewissen Umständen müssen sie die Anträge sogar binnen 14 Tagen weiterleiten. Denn wenn sie die Sache verschleppen, werden sie nach den Leistungsgesetzen aller infrage kommender Träger leistungspflichtig.

Gesetzliche Krankenkassen müssen Anträge binnen drei Wochen bescheiden bzw. binnen fünf Wochen, wenn ein Gutachten eingeholt werden muss. Wird diese Frist kommentarlos versäumt, gilt die Leistung als genehmigt. Die Kassen müssen dann die Kosten einer erforderlichen Leistung erstatten, wenn die Versicherten sich diese selbst besorgt haben.

Der Sozialleistungsträger ermittelt den Sachverhalt von Amts wegen. Der Antragsteller ist allerdings im Rahmen des Verfahrens verpflichtet, bei der Aufklärung des Sachverhalts durch Angabe der ihm bekannten Tatsachen und durch die Teilnahme an notwendigen Untersuchungen mitzuwirken.

Ist der Träger der Auffassung, dass der Antrag unvollständig ist, fordert er den Antragsteller zur Ergänzung der Angaben auf. Zudem hat der Rehabilitationsträger notwendige Stellungnahmen, beispielsweise von behandelnden Ärzten, einzuholen. Hierfür muss er von Ihnen zuvor eine Erklärung zur Entbindung von der Schweigepflicht für den konkret bezeichneten Behandelnden beschaffen.

Ist medizinischer Sachverstand für die Beurteilung des Antrags erforderlich, muss der Träger interne oder externe Gutachter einschalten, die die medizinische Notwendigkeit Ihrer beantragten Rehabilitationsleistung beurteilen. Hierfür kann auch eine persönliche Begutachtung durchgeführt werden. Diese können Sie nur mit gewichtigen Argumenten ablehnen, zum Beispiel wenn bereits eindeutige Befundberichte vorliegen und die erneute Untersuchung überflüssig ist. Eine persönliche Begutachtung kann entbehrlich sein, wenn sich der zu begutachtende Zustand zweifelsfrei aus aktuellen Befundberichten ableiten lässt (siehe Seite 44 ff. „Rehabilitationsbedürftigkeit und -prognose").

Überblick: Was Sie bei der Antragstellung beachten sollten

- Lassen Sie sich frühzeitig von Ihrem Hausarzt und/ oder weiteren Ansprechpartnern (zum Beispiel Sozialarbeiter, Psychotherapeut) beraten: Welche Leistungen kommen für Sie infrage? Welche Voraussetzungen müssen Sie erfüllen?
- Erkundigen Sie sich nach Behandlungsverfahren, Kliniken und möglichen Kurorten, bevor Sie den Antrag stellen. Grundsätzlich sollte es sich um eine Einrichtung handeln, mit der der jeweilige Kostenträger einen Versorgungsvertrag geschlossen hat, also keine reine Privatklinik. Es gibt eine Vielzahl von Wellnessangeboten, die weit über die Leistungen der Kostenträger hinausgehen. Hier ist es wichtig, sich grundlegend zu informieren, neben der Klärung der Kostenübernahme auch über die Qualität der Angebote.
- Füllen Sie das Antragformular sorgfältig und vollständig aus. Holen Sie sich Unterstützung, wenn Sie nicht weiterkommen. Oft genügt ein Telefonat oder ein Besuch in der zuständigen Geschäftsstelle.
- Lassen Sie sich beraten (Seite 23), wenn Fragen oder Schwierigkeiten auftreten. Vereinbaren Sie persönliche Termine, wenn umfangreiche Detailfragen zu klären sind.

- Klären Sie auf jeden Fall vor Antritt Ihrer Rehamaßnahme, ob die Finanzierung gewährleistet ist. Nehmen Sie keine Maßnahme in Anspruch, bevor Sie eine schriftliche Zusage in den Händen halten. Andernfalls ist der Kostenträger nicht verpflichtet, die Kosten zu übernehmen.

Tipp

Die Kostenträger sind zur Sparsamkeit verpflichtet. Das ist auch der Grund dafür, dass oftmals Anträge auf Rehabilitationsmaßnahmen zunächst abgelehnt werden. Für die Entscheidung bezüglich des Antrags auf die Rehabilitationsmaßnahmen sind aber allein die Vorgaben des Gesetzgebers maßgeblich. Trauen Sie sich also, Widerspruch einzulegen (Seite 27)!

Die Bewilligung

Hat der Träger seines Erachtens alle anspruchsrelevanten Umstände ermittelt, schließt er das Antragsverfahren mit einem Bescheid ab. Grundsätzlich soll der Träger über den Antrag innerhalb von sechs Monaten entscheiden. Versäumt er diese Frist ohne zwingenden Grund, kann er durch eine Untätigkeitsklage beim Sozialgericht zu einer Entscheidung gezwungen werden.

Der Bescheid besteht aus der Bewilligung oder Versagung der beantragten Leistung. Im Falle der Versagung bzw. der Ablehnung muss eine Begründung enthalten sein. Unter der Ablehnung muss die Belehrung über die rechtlichen Möglichkeiten zur Überprüfung des Ablehnungsbescheids stehen – die sogenannte Rechtsbehelfsbelehrung.

Die Bewilligung enthält Angaben zum Beginn und zur Dauer der Maßnahme. Außerdem legt sie den Ort bzw. bei ambulanten Maßnahmen den behandelnden Mediziner fest. Mit der Antragstellung können Sie in Abstimmung mit Ihrem Arzt Einfluss auf den Ort und den Therapeuten nehmen. Werden Ihnen ein Ort oder ein Arzt zugewiesen, mit dem Sie nicht einverstanden sind, ist auch das ein teilweise ablehnender Bescheid, gegen den Sie insoweit Widerspruch einlegen können. Anstatt ein förmliches Widerspruchsverfahren anzustrengen, können Sie sich auch bei dem bewilligenden Träger melden und ihn bitten, den Bescheid von Amts wegen hinsichtlich Zeit und/oder Ort abzuändern. Beachten Sie aber dabei, dass der Bescheid nach Ablauf der Widerspruchsfrist bestandskräftig wird. Der Widerspruch ist daher erforderlich, wenn nicht unverzüglich ein Bescheid entsprechend Ihren Vorstellungen von Amts wegen erlassen wird. Die Widerspruchsfrist wird im folgenden Abschnitt näher erläutert.

Ablehnender Bescheid: was tun?

Das Widerspruchsverfahren

Natürlich haben Sie als Antragsteller die Möglichkeit, gegen Entscheidungen vorzugehen: Wurde die erwünschte Leistung abgelehnt oder nur eine andere Leistung bewilligt, so besteht das Recht, gegen diese Entscheidung Widerspruch einzulegen. Den Widerspruch müssen Sie schriftlich oder persönlich in einer Niederlassung des entsprechenden Trägers einlegen. Ein telefonisch oder per E-Mail eingelegter Widerspruch ist nicht ausreichend. Auch alle anderen Behörden sind zur Entgegennahme des Widerspruchs verpflichtet und leiten diesen dann an den richtigen Träger weiter.

Achten Sie darauf, dass Sie den Zugang des Widerspruchs durch ein Faxsendeprotokoll oder eine Einschreibenquittung belegen können.

Die Frist zur Einlegung des Widerspruchs beträgt einen Monat ab Bekanntgabe der Entscheidung des Trägers. Im Fall einer fehlenden oder unrichtigen Rechtsbehelfsbelehrung des Trägers können Sie den Widerspruch binnen eines Jahres einlegen.

Grundsätzlich soll der Träger über den Widerspruch innerhalb von drei Monaten entscheiden, sei es durch Abhilfe (also Bewilligung der Leistung) oder durch Zurückweisung des Widerspruchs durch einen Widerspruchsbescheid. Versäumt er diese Frist ohne zwingenden Grund, kann er durch eine Untätigkeitsklage beim Sozialgericht zu einer Entscheidung über den Widerspruch gezwungen werden. Der Widerspruchsbescheid muss die Entscheidung über den Widerspruch sowie eine Begründung der Entscheidung enthalten. Am Ende des Widerspruchsbescheids steht, bei welchem Gericht und innerhalb welcher Frist Sie gegen die Ablehnung klagen können. Bitte beachten Sie unbedingt, dass die vorstehenden Ausführungen zum Widerspruchsverfahren nicht in allen Bereichen anwendbar sind!

Sind Sie privat versichert, steht Ihnen das Rechtsmittel des Widerspruchs nicht zur Verfügung, da private Kranken- und Pflegeversicherungen keine Behörden sind. Im Falle einer Ablehnung durch die private Kranken- oder Pflegeversicherung müssen Sie stattdessen die Versicherung anschreiben und deutlich machen, dass Sie mit der Ablehnung nicht einverstanden sind. In der Regel wird die Versicherung sodann ihre Entscheidung einer erneuten Prüfung unterziehen und Ihnen mitteilen, ob sie bei der Ablehnung bleibt. Gegen die private

Krankenversicherung müssten Sie, gegebenenfalls nach vorheriger Kontaktaufnahme zum Ombudsmann Ihrer Versicherung (siehe Adresse Seite 138), vor den Zivilgerichten (in der Regel Amtsgericht) klagen. Gegen die private Pflegeversicherung klagen Sie hingegen vor den Sozialgerichten.

Widerspruch gegen Entscheidungen der Jugendämter ist in einigen Bundesländern nicht zulässig. Die Entscheidung muss direkt vor dem Verwaltungsgericht angefochten werden. In den Bundesländern, in denen der Widerspruch zulässig ist, muss sodann der Widerspruchsbescheid vor dem Verwaltungsgericht angefochten werden. Die Einzelheiten muss der betreffende Bescheid in der Rechtsbehelfsbelehrung erläutern.

Das Klageverfahren

Wurde der Widerspruch ganz oder teilweise zurückgewiesen, ist gegen den Widerspruchsbescheid der Klageweg eröffnet. Als besonderes Entgegenkommen gegenüber den Klägern im Sozialrecht ist hier ausnahmsweise das Gericht zuständig, in dessen Bezirk der Kläger seinen Wohnsitz hat. Die Klage ist innerhalb eines Monats ab Bekanntgabe des Widerspruchsbescheids schriftlich oder zur Niederschrift in der Geschäftsstelle des Sozialgerichts zu erheben. Im sozialgerichtlichen Verfahren wird auf Antrag ein unabhängiges Sachverständigengutachten eingeholt. Die medizinischen Dienste der Sozialleistungsträger, die im Antrags- und Widerspruchsverfahren Begutachtungen durchführen, werden hierfür nicht eingesetzt.

Das sozialgerichtliche Eilverfahren

Widerspruchs- und Klageverfahren sind in der Regel sehr langwierig. Häufig sind aber Leistungen Gegenstand der Verfahren, auf die der Antragsteller nicht lange warten kann, ohne dass ihm erhebliche Nachteile drohen würden (zum Beispiel auf die Versorgung mit einem Rollstuhl oder die Durchführung einer Anschlussheilbehandlung). Für diese Fälle besteht die Möglichkeit eines Eilantrags beim Sozialgericht.
Der Eilantrag ist auch schon im Antrags- oder Widerspruchsverfahren zulässig.

Die Kosten

Im Sozialrecht dürfen weder von Sozialleistungsträgern noch von den Gerichten Verfahrensgebühren erhoben werden. Antrags-, Widerspruchs- und Gerichtsverfahren sind für Sie als potenziellen Anspruchsinhaber daher grundsätzlich kostenfrei. Dies gilt auch dann, wenn wie im Jugendhilferecht das Verwaltungsgericht über die Sache zu entscheiden hat. Allerdings entstehen Kosten, sofern Sie einen Rechtsanwalt mit der Wahrnehmung Ihrer rechtlichen Interessen beauftragen. Achten Sie darauf, dass sich der Rechtsanwalt wirklich gut im Sozialrecht auskennt. In der Regel erkennen Sie das daran, dass der Rechtsanwalt den Titel „Fachanwalt für Sozialrecht“ führt. Gegebenenfalls werden die Kosten entsprechend dem vereinbarten Tarif von einer Rechtsschutzversicherung getragen.

Können Sie die Kosten für einen Rechtsanwalt nicht aus eigenen finanziellen Mitteln tragen, dann können Sie für außergerichtliche Verfahren Beratungshilfe beantragen. Diese beantragen Sie beim Amtsgericht Ihres Wohnorts und nicht beim Sozialgericht. Für das

Gerichtsverfahren kann der beauftragte Rechtsanwalt Prozesskostenhilfe für seinen Mandanten beantragen, wenn eine entsprechende finanzielle Bedürftigkeit vorliegt.

Soweit der Widerspruch oder die Klage erfolgreich war, werden die Kosten eines eingeschalteten Rechtsanwalts auf der Basis des Rechtsanwaltsvergütungsgesetzes (RVG) durch den Sozialleistungsträger erstattet, wenn die Einschaltung eines Rechtsanwalts erforderlich war. Im Falle eines Teilerfolgs werden die Kosten in der Regel anteilig übernommen. Der Anteil berechnet sich danach, zu welchen Teilen das Verfahren gewonnen wurde.

Nach ständiger Rechtsprechung des Bundessozialgerichts ist die Einschaltung eines Rechtsanwalts in der Regel plausibel. Die Materie des Sozialrechts ist so komplex und für Laien so schwer zu durchdringen, dass ab dem Widerspruchsverfahren in der Regel die Einschaltung eines Rechtsanwalts nötig ist.

Wurde im Rahmen einer Honorarvereinbarung festgelegt, dass der Rechtsanwalt eine höhere Vergütung erhält, als sie das Rechtsanwaltsvergütungsgesetz vorsieht, sind die dadurch entstehenden Mehrkosten von den Trägern auch bei erfolgreichem Verfahrensausgang nicht zu erstatten.

Leistungen und Zahlung: Wer ist zuständig?

1. Antrag stellen	2. Rehaträger prüft
a) Vor dem Antrag ■ Beratung durch Sozialträger: Kranken-/Rentenversicherung, Agentur für Arbeit/Jobcenter ■ Gespräch mit dem Hausarzt und Bewertung durch diesen nach dem Barthel-Index und Verordnung der Rehamaßnahme durch Hausarzt	■ klärt Zuständigkeit und leitet Antrag weiter, falls selbst nicht zuständig Frist hierfür: 2 Wochen
b) Antrag stellen (wie?) ■ ohne Formerfordernis (z.B. schriftlich, mündlich, per Mail). Falls der Rehaträger jedoch Antragsformulare hat, sind diese auszufüllen.	■ Vollständigkeit und fordert ggf. ergänzende Angaben
c) Antrag stellen (wer? wo?) ■ Berufsunfall, -erkrankung, Schul(wege)unfall → Berufsgenossenschaft bzw. Unfallversicherung ■ Freizeitunfall, Erkrankung/Behinderung ohne Berufsbezug → Krankenversicherung, Agentur für Arbeit, Rentenversicherung, Sozialhilfeträger ■ Verunfallter oder erkrankter/behinderter Rentner → Krankenversicherung, Sozialhilfeträger	■ beauftragt Gutachter, falls erforderlich, um medizinische Notwendigkeit zu beurteilen (Gutachten muss 2 Wochen nach Auftragserteilung durch den Rehaträger vorliegen)

3. Rehaträger entscheidet

- spätestens 3 Wochen nach Antragstellung
- mit Gutachten: 2 Wochen nach Gutachteneingang

Bewilligung

Ablehnung mit Begründung

- In der Regel:
  Antragsteller legt Widerspruch ein; Frist: 1 Monat ab Eingang des Ablehnungsbescheids

- Ausnahme für privat Kranken- oder Rentenversicherte:
  Antrag auf erneute Prüfung durch Reha-Träger stellen

  bei Ablehnung des Widerspruchs: Klageverfahren möglich

Die entscheidende Frage für Sie als Antragsteller ist, wer wann für welche Leistungen zuständig ist. Denn Sie sparen sich Zeit und Aufwand, wenn Sie Ihren Antrag sofort beim richtigen Träger stellen.

Das SGB IX benennt eine ganze Reihe von Trägern der Rehabilitation. Vor der Beantragung von Rehabilitationsleistungen sollten Sie sich die Zeit nehmen und die Auflistung intensiv studieren. Zwar besteht die Pflicht der Rehabilitationsträger, einen fälschlicherweise an sie gestellten Antrag an den zuständigen Träger weiterzuleiten. Gleichwohl verkürzt es die Verfahrensdauer und mindert die Gefahr von Zuständigkeitsstreitigkeiten, wenn der Antrag von vornherein bei dem tatsächlich zuständigen Träger gestellt wird.

§ 6 SGB IX bestimmt, welche Träger für welche Leistungsgruppen leistungspflichtig sein können. Da für alle Leistungsgruppen mehrere Träger infrage kommen, entscheidet sich die konkrete Zuständigkeit im jeweiligen Fall nach weiteren hinzutretenden Einzelheiten. So kommt zum Beispiel für eine stationäre Rehabilitationsmaßnahme die Rentenversicherung nur in Betracht, wenn gewisse Vorversicherungszeiten erfüllt sind. Anderenfalls kann für diese Maßnahme die Krankenversicherung zuständig sein.

Die Träger der Rehabilitation

Die gesetzlichen Krankenkassen

Die gesetzlichen Krankenkassen können für Leistungen zur medizinischen Rehabilitation sowie für unterhaltssichernde und andere ergänzende Leistungen zuständig sein. Sie übernehmen im Rehabilitationsrecht für ihre Versicherten Leistungen, wenn andere Sozialversicherungsträger diese nicht erbringen können.

Die Bundesagentur für Arbeit
Die Bundesagentur für Arbeit mit ihren Regionaldirektionen, Agenturen für Arbeit und Jobcentern erbringt für Sie Leistungen zur Teilhabe am Arbeitsleben sowie unterhaltssichernde und andere ergänzende Leistungen.

Die Träger der gesetzlichen Unfallversicherung
Die Träger der gesetzlichen Unfallversicherung kommen für alle Bereiche der Rehabilitation als Kostenträger infrage, wenn Sie einen Arbeitsunfall erlitten haben oder eine Berufskrankheit festgestellt wurde.

Die Träger der gesetzlichen Rentenversicherung und der Alterssicherung der Landwirte
Aufgabe der Rentenversicherung ist es, ein vorzeitiges Ausscheiden der Versicherten aus dem Erwerbsleben zu vermeiden. Hierfür erbringt sie Leistungen zur medizinischen Rehabilitation und zur Teilhabe am Arbeitsleben sowie unterhaltssichernde und andere ergänzende Leistungen.

Die Träger der Kriegsopferversorgung und die Träger der Kriegsopferfürsorge im Rahmen des Rechts der sozialen Entschädigung bei Gesundheitsschäden
Diese Träger kommen im Rahmen des Rechts der sozialen Entschädigung bei Gesundheitsschädigungen ihrer Leistungsberechtigten für alle Bereiche der Rehabilitation als Kostenträger infrage.

Die Träger der öffentlichen Jugendhilfe
Die öffentliche Jugendhilfe mit ihren örtlichen Jugendämtern erbringt Leistungen zur Teilhabe für seelisch behinderte Kinder und Jugendliche, soweit kein anderer Träger zuständig ist.

Die Träger der Sozialhilfe
Die Sozialhilfe, für die die Sozialämter der Städte und Landkreise oder die überörtlichen Träger der Sozialhilfe zuständig sind, tritt für alle Leistungen zur medizinischen Rehabilitation, zur Teilhabe am Arbeitsleben und zur Teilhabe am Leben in der Gemeinschaft ein, soweit kein anderer Träger zuständig ist.

Für schwerbehinderte Menschen kann außerdem das **Integrationsamt** begleitende Hilfen im Arbeitsleben erbringen.

Es werden also Leistungen zur medizinischen Rehabilitation, zur Teilhabe am Arbeitsleben, zur Teilhabe am Leben in der Gemeinschaft und unterhaltssichernde und andere ergänzende Leistungen von den Trägern erbracht. Dabei ist nicht jeder Träger für alle Leistungen zuständig. Es gibt keine Liste, in der für jede spezifische Leistung der jeweilig zuständige Träger ersichtlich ist. Zur Übersichtlichkeit sind im Folgenden jedoch die Träger den oben genannten **vier Leistungsformen** zugeordnet:

1. Leistungen zur medizinischen Rehabilitation
werden erbracht von
- den gesetzlichen Krankenkassen,
- den Trägern der gesetzlichen Unfallversicherung,
- den Trägern der gesetzlichen Rentenversicherung und der Alterssicherung der Landwirte,
- den Trägern der Kriegsopferversorgung und der Kriegsopferfürsorge im Rahmen des Rechts der sozialen Entschädigung bei Gesundheitsschäden,
- den Trägern der öffentlichen Jugendhilfe,
- den Trägern der Sozialhilfe.

2. Leistungen zur Teilhabe am Arbeitsleben werden erbracht von

- der Bundesagentur für Arbeit,
- den Trägern der gesetzlichen Unfallversicherung,
- den Trägern der gesetzlichen Rentenversicherung und der Alterssicherung der Landwirte,
- den Trägern der Kriegsopferversorgung und der Kriegsopferfürsorge im Rahmen des Rechts der sozialen Entschädigung bei Gesundheitsschäden,
- den Trägern der öffentlichen Jugendhilfe,
- den Trägern der Sozialhilfe.

3. Leistungen zur Teilhabe am Leben in der Gemeinschaft werden erbracht von den Trägern der

- gesetzlichen Unfallversicherung,
- Kriegsopferversorgung und der Kriegsopferfürsorge im Rahmen des Rechts der sozialen Entschädigung bei Gesundheitsschäden,
- öffentlichen Jugendhilfe,
- Sozialhilfe.

4. Unterhaltssichernde und andere ergänzende Leistungen werden erbracht von

- den gesetzlichen Krankenkassen,
- der Bundesagentur für Arbeit,
- den Trägern der gesetzlichen Unfallversicherung,
- den Trägern der gesetzlichen Rentenversicherung und der Alterssicherung der Landwirte,
- den Trägern der Kriegsopferversorgung und der Kriegsopferfürsorge im Rahmen des Rechts der sozialen Entschädigung bei Gesundheitsschäden.

Was geschieht, wenn Ihr Antrag nicht den richtigen Träger erreicht?

Wie Sie der Aufzählung im letzten Abschnitt entnehmen können, kommen für alle Bereiche der Rehabilitationsmaßnahmen verschiedene Träger in Betracht. Um zu verhindern, dass behinderte und von Behinderung bedrohte Menschen mit ihrem Leistungsbegehren von einem Träger zum nächsten geschickt werden, hat der Gesetzgeber mit § 14 SGB IX eine besondere Regelung erlassen, die eine schnelle Klärung der Zuständigkeitsfrage bringen soll.

Nach dieser Vorschrift prüft der Träger, bei dem ein Antrag auf Leistungen zur Teilhabe eingegangen ist (erstangegangener Träger), innerhalb von 14 Tagen, ob er für die gewünschte Leistung zuständig ist. Kommt er zu dem Ergebnis, dass ein anderer Träger zuständig ist, hat er den Antrag innerhalb der 14-Tagesfrist an diesen weiterzuleiten.

Das bedeutet: Nach Ablauf von 14 Tagen ist entweder der erstangegangene Träger für die Entscheidung über den Antrag zuständig oder der Träger, an den der Antrag rechtzeitig weitergeleitet wurde. Eine erneute Weiterleitung ist nicht erlaubt.

Innerhalb von drei Wochen nach Eingang des Antrags – diese Frist kann sich im Falle einer notwendigen Begutachtung auf bis zu sieben Wochen verlängern – muss Ihnen als Antragsteller die Entscheidung mitgeteilt werden. Der für die Entscheidung zuständige Träger muss dabei die Leistungsgesetze aller Träger der Rehabilitation beachten und notfalls auch nach den Gesetzen eines anderen Leistungsträgers eine Bewilligung aussprechen. Hierzu kommt es immer dann, wenn der Träger den Antrag versehentlich nicht an den richtigen Träger weitergeleitet hat.

Bleibt die Entscheidung aus, können Sie dem Träger eine Nachfrist setzen und androhen, dass Sie sich die Leistung nach Ablauf der Frist selbst beschaffen und die Erstattung der dafür aufgebrachten Kosten verlangen werden. Diese Möglichkeit gilt jedoch nicht gegenüber den Trägern der Sozialhilfe, der öffentlichen Jugendhilfe und der Kriegsopferfürsorge.

! Wichtig

Wenn Sie sich die Leistung selbst beschaffen, ist es ratsam, dass Sie sich vorher gründlich darüber informieren, ob der Anspruch auf die erwünschte Reha-Leistung wirklich besteht. Denn: Zur Erstattung der Kosten ist der Träger nur verpflichtet, wenn die Leistung medizinisch notwendig war und die Kosten, die Sie aufgewendet haben, im Vergleich zu anderen Anbietern nicht unverhältnismäßig hoch waren.

Da Pflegekassen, Integrationsämter und private Kranken- und Pflegeversicherungen nicht zu den Rehabilitationsträgern zählen, die im SGB IX aufgeführt werden, ergibt sich für diese Träger eine andere Gesetzeslage. Welche konkreten Leistungsansprüche Sie gegenüber den privaten Krankenkassen haben, entnehmen Sie bitte den jeweiligen Tarifbedingungen, die zwischen Ihnen und dem Versicherungsunternehmen bestehen.

Überblick: Zuzahlungen für stationäre Rehabilitationsmaßnahmen

Der jeweilige Träger übernimmt nicht sämtliche Kosten. Wie bei einem Krankenhausaufenthalt muss auch der Nutzer einer Reha-Maßnahme Zuzahlungen leisten.

- Jeder Patient über 18 Jahre muss Zuzahlungen leisten.
- Die Zuzahlung beträgt 10 Euro am Tag bei stationärer Vorsorge und Rehabilitation (bei Leistungen der Deutschen Rentenversicherung abhängig vom Nettoeinkommen bis zu 10 Euro).
- Die Zuzahlung ist begrenzt auf 28 Tage bzw. 14 Tage bei Anschlussrehabilitation nach einem Krankenhausaufenthalt (oder auf 42 Tage bzw. 14 Tage bei Anschlussrehabilitation durch die Rentenversicherung nach einem Krankenhausaufenthalt). Hierbei werden bereits geleistete Krankenhauszuzahlungen angerechnet.
- Bezieher von Übergangsgeld sind von der Zuzahlung befreit.
- Persönliche Zuzahlungsgrenze: 2 Prozent des Bruttoeinkommens oder 1 Prozent bei schwerwiegender chronischer Erkrankung.
- Bereits im Kalenderjahr an die Krankenkasse oder die Rentenversicherung geleistete kalendertägliche Zahlungen sind vom jeweils anderen Träger anzurechnen.

! Wichtig

Unbedingt von gesetzlichen Zuzahlungen zu unterscheiden sind Eigenanteile bzw. „wirtschaftliche Aufzahlungen“. Diese werden von den Trägern erhoben, wenn die gewünschte Leistung vermeintlich über das hinausgeht, was von Gesetzes wegen beansprucht werden kann. Hier ist im Einzelfall genau zu schauen, ob das Maß des Notwendigen wirklich überschritten wird, da anderenfalls der Eigenanteil nicht erhoben werden darf. Bitte beachten Sie auch, dass solche Eigenanteile nicht bei der Berechnung der Zuzahlungsgrenze berücksichtigt werden. Unter Umständen sind solche Eigenanteile jedoch steuerlich absetzbar.

Medizinische Rehabilitation

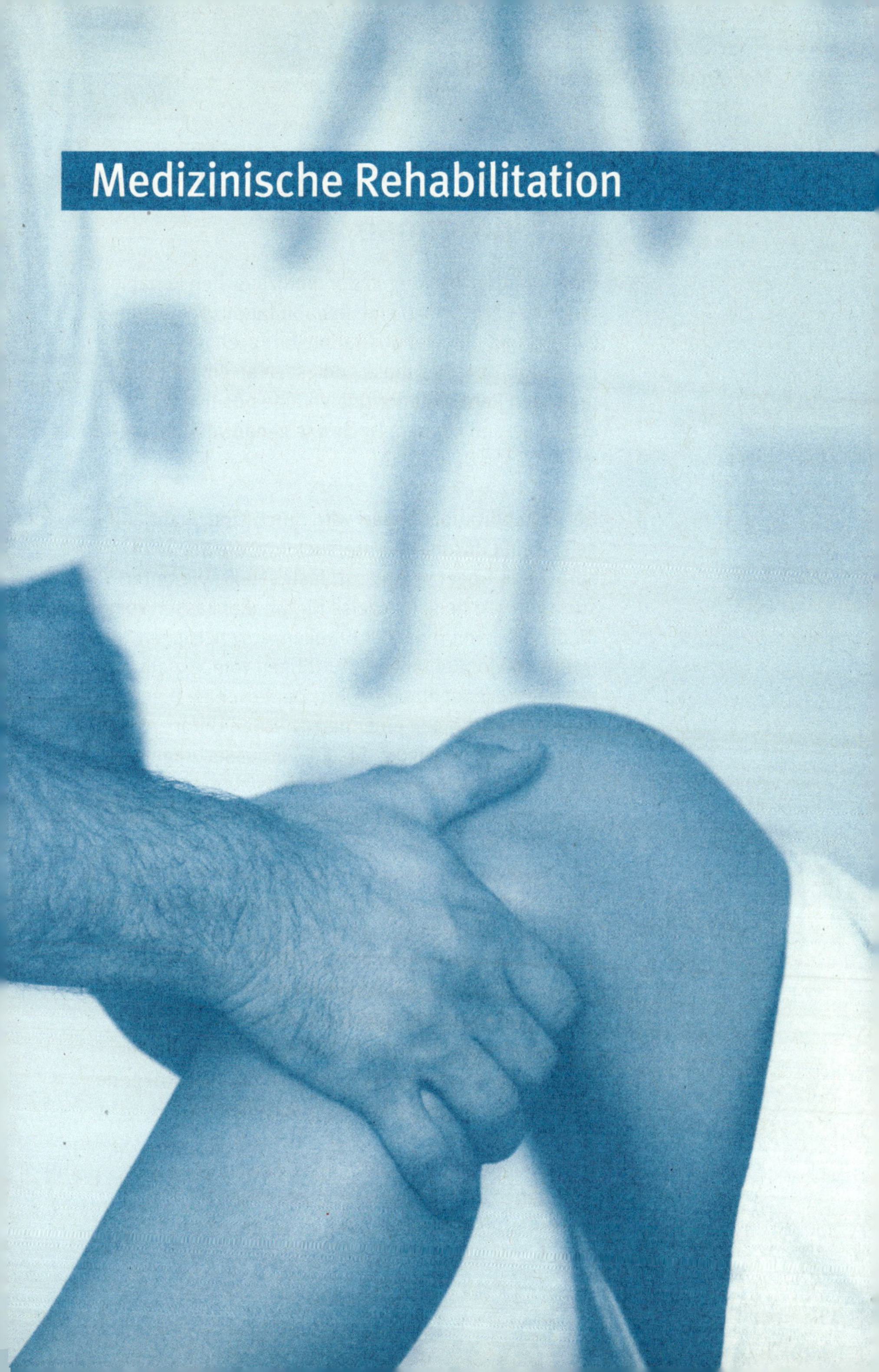

Rehabilitationsbedürftigkeit und -prognose

Ihnen werden Leistungen der medizinischen Rehabilitation gewährt, wenn eine Rehabilitationsbedürftigkeit vorliegt und eine Rehabilitationsfähigkeit angenommen wird. Überdies muss gemessen an einem oder mehreren Rehabilitationszielen eine positive Prognose erteilt werden können. Doch was genau versteht man unter diesen Begriffen?

Der **Rehabilitationsbedarf** wird durch eine unabhängige sozialmedizinische Untersuchung, die der angesprochene Träger veranlasst, festgestellt. Die Untersuchung wird beispielsweise für Krankenkassen vom Medizinischen Dienst der Krankenversicherungen (MDK) und für Rentenversicherungen vom Sozialmedizinischen Dienst durchgeführt. Der jeweilige Dienst beurteilt im Rahmen einer persönlichen Untersuchung oder nach Aktenlage, ob Sie die Voraussetzungen für die gewünschte oder gegebenenfalls eine andere Rehabilitationsmaßnahme erfüllen. Anschließend wird geprüft, welcher Leistungsträger für eine Rehabilitation des Betroffenen zuständig ist. Dieser stellt dann noch einmal fest, ob eine Rehabilitationsbedürftigkeit in seinem Sinne gegeben ist. So gelten zum Beispiel im Sinne der deutschen Rentenversicherung Personen als rehabilitationsbedürftig, deren Erwerbsfähigkeit aus medizinischen Gründen trotz Akutbehandlung erheblich gefährdet oder bereits gemindert ist. Dieses kann beispielsweise bei einem gelernten Elektriker der Fall sein, der infolge eines Bandscheibenvorfalls nicht mehr in knieender Haltung arbeiten kann. Da er seinen gelernten Beruf nicht mehr ausüben kann, sollte er im Rahmen einer Rehabilitationsmaßnahme etwa in einem Berufsförderungswerk für einen anderen Beruf umschulen, da anderenfalls seine Erwerbsfähigkeit dauerhaft aufgehoben sein könnte.

Die gesetzlichen Krankenkassen sehen beispielsweise bei Menschen einen Rehabilitationsbedarf, wenn ihnen Pflegebedürftigkeit droht. So ist einem Patienten, der einen Schlaganfall erlitten hat, durch geeignete Maßnahmen dabei zu helfen, mit seinen eingeschränkten körperlichen Fähigkeiten die Verrichtungen des täglichen Lebens eigenständig neu zu erlernen, zum Beispiel durch ein Umstellen von Rechts- auf Linkshänder.

Eine **Rehabilitationsfähigkeit** wird anerkannt, wenn Ihre somatische und Ihre psychische Verfassung, das heißt Ihre Motivation und Aktivierbarkeit sowie Ihre Belastbarkeit, die Teilnahme an einer geeigneten Rehabilitation zulassen.

Die **Rehabilitationsprognose** ist eine medizinisch begründete Wahrscheinlichkeitsaussage für den Erfolg der Leistung zur medizinischen Rehabilitation. Sie gibt eine Aussage darüber ab, wie wahrscheinlich der Erfolg der Maßnahme sein wird. Eine überwiegend positive Prognose ist die Voraussetzung dafür, dass der zuständige Kostenträger die Rehabilitation bewilligt. Die Rehabilitationsprognose orientiert sich vor allem an zwei Fragen: Ist das angestrebte Ziel erreichbar, kann also die Reha dazu dienen, drohende oder bestehende Beeinträchtigungen zu vermeiden oder zu verringern? Und ist dieses Ziel nach gesicherten wissenschaftlichen Erkenntnissen auch zu erreichen, wenn die vorgeschlagene Reha-Maßnahme möglichst sparsam eingesetzt wird?

Die Antworten auf diese Fragen müssen medizinisch begründet werden. Sie berücksichtigen unter anderem den bisherigen Verlauf einer Erkrankung, psychosoziale

Faktoren des Patienten wie sein familiäres Umfeld oder seine berufliche Situation sowie die Frage, in welchem Zeitraum das gewünschte Rehabilitationsziel zu erreichen ist.

Was Ihnen zusteht und wer die Leistungen erbringt

Ärzte, Zahnärzte und Angehörige anderer Heilberufe

Die gesundheitliche Versorgung gliedert sich in drei wesentliche Bereiche: die Primärversorgung (ambulante Behandlung durch niedergelassene Ärztinnen und Ärzte), die Akutversorgung (stationäre Versorgung im Krankenhaus) und die Wiedereingliederung. Diese Bereiche sind naturgemäß auch im Recht auf Rehabilitation vorhanden.

Ob nach einem Schlaganfall oder nach einem Herzinfarkt, nach einer Tumorentfernung oder einer Hüftoperation – es gibt eine Reihe medizinischer Eingriffe, die eine systematische und umfassende Rehabilitation erfordern. Ziel dieser Maßnahmen ist, Sie als Patient bei der Wiedererlangung oder der Erhaltung körperlicher, beruflicher oder sozialer Fähigkeiten zu unterstützen. Wie Sie bereits wissen, hat Rehabilitation aber auch zum Ziel, Beeinträchtigungen und Einschränkungen abzuwenden, die sich als bleibende Folge von chronischen Erkrankungen oder Unfällen einstellen können.

So ist beispielsweise die notfallmedizinische Erstversorgung eines Unfallverletzten durch qualifiziertes und entsprechend geschultes Personal, etwa Rettungsdienst oder geeignete Gesundheitseinrichtungen, der erste Schritt der Leistungen zur Rehabilitation, die die Unfallkasse mit allen geeigneten Mitteln zu erbringen hat. Unmittelbar nach dem Unfall muss ein Durchgangsarzt aufgesucht werden.

Auch jede andere ärztliche und zahnärztliche Behandlung einschließlich der Versorgung mit Zahnersatz wird von Ärzten oder Zahnärzten ambulant oder stationär erbracht und kann Teil einer Rehabilitationsmaßnahme sein.

Sind Hilfeleistungen anderer Personen (zum Beispiel eines Physiotherapeuten) erforderlich, dürfen sie nur erbracht werden, wenn sie von einem zugelassenem Arzt oder Zahnarzt angeordnet und von ihm verantwortet werden. Solange die Gesundheitsschädigung ärztliche Hilfe erfordert, gewährt der Kostenträger im Rahmen der Rehabilitation die Behandlung ohne zeitliche und finanzielle Begrenzung.

Früherkennung und Frühförderung bei Kindern

Früherkennung und Frühförderung sind Angebote für behinderte oder von Behinderung bedrohte Kinder und deren Familien. Wesentliche Aufgabe und Ziel der Frühförderung ist es, eine drohende oder bereits eingetretene Behinderung zum frühestmöglichen Zeitpunkt zu erkennen, drohenden Behinderungen entgegenzuwirken, Auswirkungen vorhandener Behinderungen durch gezielte Förder- und Behandlungsmaßnahmen zu mildern und betroffene Familien zu beraten.

Beispiel: *Tanja ist 3 Jahre alt. Bei ihr wurde infolge wiederholter Auffälligkeiten in den U-Untersuchungen ein* *frühkindlicher Autismus diagnostiziert. Daher wurde ihr als Leistung der Frühförderung eine kindgerechte Autismustherapie verordnet.*

Gibt es Maßnahmen der Früherkennung? Ja. Um Auffälligkeiten oder Beeinträchtigungen in der Entwicklung eines Kindes möglichst früh zu erkennen, hat der Bundesausschuss der Ärzte und Krankenkassen Richtlinien zur Früherkennung von Krankheiten bei Kindern bis zur Vollendung des sechsten Lebensjahres verabschiedet. Die nach diesen Richtlinien durchzuführenden ärztlichen Maßnahmen dienen der Früherkennung von Krankheiten, die eine normale körperliche oder geistige Entwicklung des Kindes in nicht geringfügigem Maße gefährden. Im Rahmen der Kindesuntersuchungen U1 bis U9 wurde auch bei Tanja aus dem Beispiel oben der frühkindliche Autismus festgestellt.

Wer kann Leistungen beziehen? Berücksichtigt sind Kinder (und ihre Eltern bzw. Bezugspersonen) mit:

- Auffälligkeiten in der allgemeinen Entwicklung,
- Problemen im sozial-emotionalen Bereich,
- Auffälligkeiten in der Fein- und Grobmotorik,
- Wahrnehmungsproblemen,
- Auffälligkeiten beim Sprechen,
- Seh- und Hörstörungen,
- diagnostizierten Behinderungen,
- psychosomatischen Beschwerden.

Die Leistungen können vom Zeitpunkt der Geburt an bis zum Schuleintritt gewährt werden. Die Kosten für Leistungen der Früherkennung und Frühförderung werden von den Rehabilitationsträgern übernommen. Dies sind entweder der örtliche Sozialhilfeträger oder die gesetzlichen Krankenkassen. Bei gesetzlich versicherten Kindern entstehen für die Eltern keine Kosten.

Welche Möglichkeiten der Frühförderung gibt es?

Wurden bei Ihrem Kind bereits Entwicklungsbeeinträchtigungen diagnostiziert, ist zu überlegen, welche medizinischen, psychologischen, pädagogischen und sozialen Maßnahmen der Frühförderung geeignet sind, um die Entwicklung zu fördern. Nach Möglichkeit soll ein ganzheitliches Hilfekonzept unter Einbindung von Ihnen als Erziehungsberechtigtem des Kindes erstellt werden. In Deutschland gibt es mittlerweile ein gut ausgebautes System der Frühförderung. Es berücksichtigt die Verschiedenheit von Kindern ebenso wie regionale und strukturelle Unterschiede in den einzelnen Ländern und Kommunen.

Das System der Frühförderung befindet sich seit dem Inkrafttreten des SGB IX in einem Prozess der Umstrukturierung. Durch das SGB IX ist die sogenannte Komplexleistung Frühförderung eingeführt worden (§§ 26, 30, 56 SGB IX). Die Frühförderstellen sollen sich interdisziplinär ausrichten, das bedeutet, dass sich alle an der Frühförderung beteiligten Fachdisziplinen untereinander abstimmen sollen.

Die Frühförderung kann längstens bis zur Einschulung gewährt werden. Sie endet nur dann früher, wenn die Behandlung erfolgreich abgeschlossen werden konnte oder eine andere Frühförderung in Anspruch genommen wird. Dies kann zum Beispiel in einer integrativen Kindertagesstätte oder in einem Regelkindergarten mit Einzelintegration sein.

An wen können Sie sich wenden, wenn Ihr Kind aufgrund von Beeinträchtigungen gefördert werden soll?

Die medizinische Erstberatung und -behandlung erfolgt in der Regel durch Ihren niedergelassenen Kinderarzt. Die Mitarbeiterinnen und Mitarbeiter in der Frühförderstelle untersuchen Ihr Kind. Mit Ihnen besprechen Sie die Entwicklung und die Lebenswelt Ihres Kindes. Die Ergebnisse werden in einem Förder- und Behandlungsplan festgehalten. Der Plan endet mit einer Empfehlung für die weitere Behandlung.

Früherkennung und Frühförderung erfordern wohnortnahe integrative interdisziplinäre Angebote. Diese werden bundesweit von circa 1.000 eigenständigen Frühförderstellen (überwiegend freie Träger) und über 120 sozialpädiatrischen Zentren (SPZ), die meist an ein Krankenhaus angegliedert sind, bereitgestellt. Die sozialpädiatrischen Zentren ergänzen das über die Frühförderstellen angebotene System der Hilfen. Sie sind überregional ausgerichtet und werden in erster Linie dann benötigt, wenn es um spezielle Differentialdiagnostik und Hilfeansätze geht, die vor Ort nicht oder nicht ausreichend sichergestellt werden können.

Tipp

Praktische Informationen und Adressen zum Thema Frühförderung gibt es auf der Internetseite www.familienratgeber.de, einer Informationsplattform der Deutschen Behindertenhilfe (Aktion Mensch e.V.), unter dem Menüpunkt „Kinder".

Medizinische Rehabilitation für Mütter und Väter

Die Erziehung von Kindern kann Eltern teilweise so sehr belasten, dass daraus gesundheitliche Probleme erwachsen. So kommt es zu Überforderungssituationen, Erziehungsschwierigkeiten oder Konflikten in der Partnerschaft. Eine Kur stellt hier eine spezielle medizinische Leistung zur Vorsorge und Rehabilitation für

Mütter und Väter, allein oder gemeinsam mit Kind(ern) dar.

Im Rahmen der Vorsorge stehen die Besserung von gesundheitlichen Störungen (häufige Kopfschmerzen, Schlafstörungen, Angstgefühle etc.) und die Beseitigung von Risikofaktoren (Übergewicht, Bewegungsmangel etc.) im Vordergrund. Auf diese Weise soll das Entstehen einer schlimmeren Erkrankung wie beispielsweise einer Depression verhütet werden.

Damit auf eine anhaltende gesundheitliche Beeinträchtigung möglichst frühzeitig reagiert werden kann, noch bevor von einer drohenden Behinderung gesprochen wird, hat der Gesetzgeber den gesetzlichen Krankenkassen die Ermessensleistung der ambulanten Vorsorgeleistungen in anerkannten Kurorten eröffnet. Das sind insbesondere ortsgebundene Leistungen wie zum Beispiel Heilwasser zum Trinken oder Bäder in anerkannten Kurorten oder in staatlich anerkannten Heilbädern.

Die sogenannte Mutter-/Vater-Kind-Kur ist eine Sonderform der stationären medizinischen Rehabilitationsmaßnahme. Zuständig für die Bewilligung dieser Leistung, für die eine medizinische Notwendigkeit ärztlich bescheinigt werden muss, ist gemäß § 41 SGB V die gesetzliche Krankenversicherung. Die in der Regel dreiwöchige Maßnahme wird in Einrichtungen des Müttergenesungswerks (MGW) oder Mutter-/Vater-Kind-Einrichtungen durchgeführt, mit denen ein Versorgungsvertrag nach § 111a SGB V besteht.

Bei der Wahl der für Sie geeigneten Einrichtung kann Sie das Müttergenesungswerk (Adresse Seite 136) unterstützen. Aber auch die Vermittlungs-und Beratungsstellen der Arbeiterwohlfahrt, des Paritätischen Wohlfahrtsverbands, des Deutschen Roten Kreuzes, der Evangelischen Arbeitsgemeinschaft für Müttergenesung e.V. oder der Caritas (Adressen Seite 136 f.) helfen Ihnen bei der Entscheidung.

[ ] Tipp

- Möchten Sie mit Ihrem Kind/Ihren Kindern gemeinsam eine Kur antreten, beachten Sie bitte, dass Kurkliniken unterschiedliche Bestimmungen über das Alter der aufzunehmenden Kinder haben. Dies sollten Sie vorab einfach in der jeweiligen Klinik erfragen.
- Wenn Ihr Kind selbst erkrankt ist, können Sie unter Umständen auch eine Kinderheilbehandlung beantragen und einfach als Begleitperson zu der Maßnahme mitfahren.

Damit Sie und Ihre Familie während einer Rehabilitationsmaßnahme finanziell abgesichert sind, können Sie Hilfen wie Übergangsgeld, Reisekosten oder einen Zuschuss für eine Haushaltshilfe (Seite 119 ff.) beantragen. Auch können die Kosten für eine notwendige Kinderbetreuung übernommen werden.

Medizinische, psychologische und pädagogische Hilfen

Neben den „Hauptleistungen“ der Rehabilitation sollen die zuständigen Rehabilitationsträger auch medizinische, psychologische und pädagogische Hilfen leisten, soweit diese Leistungen im Einzelfall erforderlich sind, um den Erfolg der Rehabilitation zu sichern.

Medizinische, psychologische und pädagogische Hilfen

- Hilfen zur Unterstützung bei der Krankheits- und Behinderungsverarbeitung, zum Beispiel durch Gespräche mit einem geschulten Therapeuten,
- Hilfen zur Aktivierung von Selbsthilfepotenzialen, zum Beispiel durch Schulungen im Umgang mit Hilfsmitteln,
- Information und Beratung von Partnern und Angehörigen, Vorgesetzten und Kollegen (jedoch nur mit Ihrer Zustimmung),
- die Vermittlung von Kontakten zu örtlichen Selbsthilfegruppen und Beratungsmöglichkeiten, zum Beispiel zur Rheuma-Liga,
- Hilfen zur seelischen Stabilisierung und zur Förderung der sozialen Kompetenz, unter anderem durch Training sozialer und kommunikativer Fähigkeiten und im Umgang mit Krisensituationen,
- Training lebenspraktischer Fähigkeiten,
- Anleitung und Motivation zur Inanspruchnahme von Leistungen zur Teilhabe am Arbeitsleben,
- gegebenenfalls auch die Beteiligung von Integrationsfachdiensten im Rahmen ihrer Aufgabenstellung.

Eine psychosoziale Einschaltung dient vor allem der Erhaltung und Förderung alltagspraktischer, kognitiver und sozialer Fertigkeiten sowie der Unterstützung erkrankter Menschen bei der psychischen Bewältigung. Der Schwerpunkt der Leistungen besteht darin, Eigenverantwortlichkeit und Selbstbestimmung zu fördern. Ist für den Erfolg der Leistung eine Unterbringung außerhalb des eigenen oder des elterlichen Haushalts wegen der Art oder Schwere der Behinderung oder zur Sicherung des Erfolgs der Teilhabe notwendig, so können auch die erforderlichen Kosten für Unterkunft und Verpflegung übernommen werden.

Onkologische Rehabilitation

Als Teil der medizinischen Rehabilitation beschäftigt sich die onkologische Rehabilitation speziell mit der Behandlung von Gesundheits- und Funktionsstörungen nach einer Krebserkrankung. Mithilfe von gezielten diagnostischen und therapeutischen Maßnahmen sollen vor allem Gesundheit und berufliche Leistungsfähigkeit wiederhergestellt werden.

Weil – abhängig von der Art und Form der vorangegangenen Tumorerkrankung – sehr unterschiedliche körperliche und seelische Folgestörungen auftreten, wird die Maßnahme auf Ihre persönlichen Bedürfnisse ausgerichtet. Das Spektrum der einzelnen Maßnahme ist deshalb sehr weitreichend. So werden zum Beispiel Physiotherapien zur Verbesserung der Beweglichkeit, Bestrahlungen bei Hautveränderung, Sprachschulungen nach Entfernung des Kehlkopfes oder auch psychologische Hilfen angeboten, um nur einige Beispiele zu nennen.

Wann kann ich eine onkologische Rehabilitation durchführen? Grundsätzlich muss die Erstbehandlung einer diagnostizierten Krebserkrankung abgeschlossen sein, das heißt, eventuell notwendige operative Eingriffe oder eine Strahlentherapie sollten bereits durchgeführt worden sein. Außerdem sollten die bei

[ ] Tipp

Damit Ihr Rehabilitationsträger prüfen kann, ob Ihnen für die Dauer der Maßnahme gegebenenfalls Übergangsgeld gezahlt werden kann, fügen Sie den üblichen Antragsunterlagen am besten gleich eine Verdienstbescheinigung Ihres Arbeitgebers bei.

Ihnen eingetretenen Folgestörungen Ihrer Erkrankung als solche therapierbar sein oder zumindest positiv beeinflusst werden können. Vor allem aber sollten Sie selbst so weit belastbar sein, dass Sie an den Therapien der onkologischen Rehabilitation wirklich im erforderlichen Maß teilnehmen können.

Wo und wie lange findet die Rehabilitation statt? Sie können die jeweiligen Therapien stationär oder ambulant in Anspruch nehmen. Die gesamte Dauer der onkologischen Rehabilitation hängt insbesondere von der ursprünglichen Diagnose und dem Verlauf der Behandlung ab. Je nach medizinischer Notwendigkeit, die Ihr Arzt bescheinigt, kann sie drei Wochen bis ein Jahr dauern. Unter Umständen darf sie sogar ein weiteres Jahr durchgeführt werden.

[ ] Tipp

Eine reguläre onkologische Rehabilitation kann bereits während einer ambulant durchgeführten Chemotherapie beantragt werden. Die Erstbehandlung der Krebserkrankung sollte jedoch abgeschlossen sein.

Muss ich eine Zuzahlung leisten? Für eine ambulant durchgeführte Rehabilitationsleistung entstehen Ihnen keine Kosten. Wird die Leistung hingegen stationär durchgeführt, wird eine Zuzahlung fällig, es sei denn, Sie sind aufgrund des Überschreitens der bereits erläuterten Zuzahlungsgrenze in dem betreffenden Jahr von der Pflicht zur Zuzahlung befreit. Die Höhe der zu leistenden Zuzahlung richtet sich nach der Dauer Ihres stationären Aufenthaltes in der Rehabilitationseinrichtung. Für bis zu 42 Tage pro Jahr müssen Sie für stationäre Maßnahmen (also auch Krankenhausbehandlungen) täglich 10 Euro zuzahlen. Wenn die onkologische Rehabilitation jedoch direkt an eine Krankenhausbehandlung anschließt (Anschlussrehabilitation), wird eine Zuzahlung nur für die ersten 14 Tage fällig.

Tipp

Ist der Patient zum Zeitpunkt der Antragstellung noch nicht 18 Jahre alt oder erhält jemand während der Reha-Maßnahme Übergangsgeld, muss keine Zuzahlung geleistet werden.

Heilmittel, Sprach- und Beschäftigungstherapie

Gemäß § 32 SGB V haben Sie während einer medizinischen Rehabilitation Anspruch auf die Versorgung mit Heilmitteln. Heilmittel sind medizinische Dienstleistungen, die von Vertragsärzten verordnet und von speziell ausgebildeten Therapeuten erbracht werden können.

Zu den Heilmitteln zählen Maßnahmen folgender Therapien:

- physikalische Therapie (Verfahren in Verbindung mit Wärme, Kälte, Licht oder elektrischen Reizen),
- podologische Therapie (Behandlung von Patienten mit krankhaften Veränderungen am Fuß, in der Regel infolge von Diabetes mellitus),
- logopädische Therapie (Behandlung von Stimm-, Sprech-, Sprach- und Schluckstörungen),
- Ergotherapie (Wiedererreichen von verloren gegangenen oder noch nicht vorhandenen Handlungsfähigkeiten im Alltag).

Psychotherapie als ärztliche und psychotherapeutische Behandlung

Bei der Psychotherapie handelt es sich um eine in der medizinischen Rehabilitation oft angewandte Therapie. Sie umfasst unterschiedliche Formen von psychologischen Verfahren, die ohne Verwendung von Medikamenten auf eine Behandlung psychischer oder auch psychosomatischer Erkrankungen, Leiden und Verhaltensstörungen ausgerichtet ist.

Unter Psychotherapie versteht man die Behandlung seelischer Probleme mithilfe anerkannter psychotherapeutischer Verfahren. Es gibt unterschiedliche Therapieformen. In der Regel werden die Kosten tiefenpsychologisch fundierter Verfahren, der Psychoanalyse und der Verhaltenstherapie von der gesetzlichen Krankenversicherung übernommen.

Sinn und Zweck der Psychotherapie ist es, insbesondere Depressive auf psychologischer Ebene vor weiteren depressiven Phasen wirksam zu schützen. Ausgangspunkt der Psychotherapie ist die Beobachtung, dass das Denken das Handeln und vor allem Fühlen beeinflusst.

Alle Formen der Psychotherapie arbeiten mit dem gesprochenen Wort, die Veränderung erfolgt also mithilfe von Gesprächen. In der Verhaltenstherapie werden ergänzende Verfahren wie etwa Rollenspiele, Verhaltensübungen, Vorstellungsübungen (mentales Training) und Entspannungsverfahren eingesetzt.

Sind ambulante Behandlungsmöglichkeiten ausgeschöpft, kommen natürlich auch bei psychischen und psychosomatischen Erkrankungen stationäre Rehabilitationsmaßnahmen in Betracht. Diese zielen insbesondere darauf ab, dass die Betroffenen sich mit einer eingetretenen Veränderung in ihrem Leben zurechtfinden und neue Chancen zu einer erfüllenden Lebensgestaltung entdecken.

Was bedeutet Verhaltenstherapie? Die Verhaltenstherapie setzt an Ihrer aktuellen Situation an: Weshalb haben Sie im Augenblick Ihre Beschwerden? Wie sollten Sie Ihr Denken, Fühlen und Handeln ändern, um Ihre seelischen Probleme zu überwinden? Die Verhaltenstherapie geht davon aus, dass Sie ein einmal erworbenes Verhalten umlernen können. Sie können sich neue Einstellungen und Verhaltensweisen aneignen, um zum Beispiel Ängste zu überwinden oder Ihr Selbstvertrauen zu stärken. Hierzu werden Methoden wie Angstbewältigungsstrategien, Rollenspiele, Selbstsicherheitstraining, Entspannungs- und Visualisierungstechniken eingesetzt. Die Verhaltenstherapie hat sich insbesondere bei der Behandlung von Depressionen, Angstzuständen, Zwängen und Selbstsicherheitsproblemen bewährt. Während der Therapie lernen Sie zu verstehen, weshalb Sie sich in einer Krise befinden bzw. im Augenblick ein Problem haben, und erarbeiten zusammen mit Ihrem Therapeuten Strategien, um dieses Problem zu lösen. Dafür erhalten Sie ganz konkrete Aufgaben, die Sie außerhalb der Therapie durchführen können, um ein neues Verhalten zu trainieren. Außerdem lernen Sie, sich besser zu entspannen, und eignen sich neue Einstellungen und Verhaltensmuster an. So werden Sie mit wirksamen Strategien vertraut, um sich nach Ende der Therapie selbst helfen zu können.

Was ist eine Psychoanalyse und was wird in der Tiefenpsychologie behandelt? Die beiden Therapieformen Psychoanalyse und Tiefenpsychologie sind zeitlich aufwendiger als die Verhaltenstherapie. Sie setzen in der Kindheit an und versuchen herauszufinden, weshalb Sie sich so fühlen und verhalten, wie Sie es im Augenblick tun. Diese Verfahren gehen davon aus, dass seelische Probleme Folge unbewusster Konflikte aus der Kindheit sind. Die Psychoanalyse arbeitet mit Assoziationen, Träumen und der Deutung Ihrer Reaktionen gegenüber dem Therapeuten. Die Dauer der tiefenpsychologisch fundierten Therapie ist durch eine Konzentration auf zentrale Lebensprobleme deutlich kürzer.

Wann ist eine Psychotherapie notwendig? In der Psychotherapie geht es um die Behandlung seelischer Probleme. Dazu zählen Störungen der Wahrnehmung, des Verhaltens, der Erlebnisverarbeitung, der sozialen Beziehungen und der Körperfunktionen. Es gibt bei seelischen Problemen keinen Messwert wie bei den meisten körperlichen Beschwerden, bei dessen Überschreitung ein Arzt aufgesucht werden muss. Deshalb tun sich viele Betroffene schwer mit der Entscheidung, eine Therapie zu beginnen. Treffen einige der im Folgenden genannten Probleme auf Sie zu, kann Ihnen vielleicht eine Psychotherapie helfen: Depressionen, Ängste wie zum Beispiel Panikattacken oder Prüfungsangst, Essstörungen, Suchtverhalten, Zwangshandlungen, Verhaltensstörungen bei Kindern und Jugendlichen, Traumata, Schlafstörungen oder Persönlichkeitsstörungen.

Viele Menschen haben Angst vor den Vorurteilen anderer oder denken sogar, sie seien verrückt, wenn sie einen Psychotherapeuten zur Unterstützung hinzuziehen. Doch ganz im Gegenteil: Sie sind nicht verrückt, sondern um sich besorgt. Denn wenn Sie eine Therapie machen, ist dies ein Hinweis darauf, dass sie Probleme erkennen und daran arbeiten wollen, sie zu überwinden. Genauso wie man bei juristischen Problemen zum Anwalt geht, sollte man sich bei seelischen Problemen Unterstützung bei einem Psychotherapeuten holen.

Wer übernimmt die Kosten einer Psychotherapie?
Als Mitglied einer gesetzlichen Krankenkasse müssen Sie sich hierüber keine Sorgen machen. Die Kosten für eine bewilligte Psychotherapie werden nämlich zu 100 Prozent von den gesetzlichen Kassen übernommen. Bei den privaten Krankenversicherungen hängt die Kostenübernahme von der Versicherungsgesellschaft und der Art Ihres Tarifs ab. Am besten erkundigen Sie sich vorab bei Ihrer Krankenkasse.

Zwei Bedingungen müssen erfüllt sein, damit Ihre Krankenkasse die Kosten der Psychotherapie trägt:

1. Sie müssen eine behandlungswürdige Störung gemäß den Psychotherapierichtlinien, das heißt eine Störung mit Krankheitswert (zum Beispiel Ängste, Depressionen, Essstörung) haben. Die Kosten für Ehe-, Lebens- oder Erziehungsberatung werden nicht übernommen.
2. Der Psychotherapeut muss bei den Krankenkassen als Psychotherapeut zugelassen sein.

! Wichtig

In besonderen Fällen erstattet die Krankenkasse auf Antrag auch Kosten, die bei privat praktizierenden Medizinern anfallen. Das ist beispielsweise der Fall, wenn Ihnen ein kassenzugelassener Therapeut in Ihrer Nähe nicht in angemessener Zeit zur Verfügung steht. Weitere Informationen hierzu finden Sie im Ratgeber „Kostenerstattung" der Bundespsychotherapeutenkammer unter www.bptk.de.

Zunächst hat jeder gesetzlich versicherte Patient Anspruch auf bis zu fünf Probesitzungen für Verhaltenstherapie und tiefenpsychologisch fundierte Psychotherapie bzw. bis zu acht Sitzungen für analytische Psychotherapie bei einem kassenzugelassenen

Psychotherapeuten. Im Anschluss an die Probesitzungen stellt der Psychotherapeut die Diagnose und reicht dann einen Bericht bei der gesetzlichen Krankenversicherung ein, mit dem die Kostenübernahme beantragt wird. Erteilt die Kasse die Genehmigung der Therapie, werden auch die Kosten von ihr übernommen.

Über das Ende einer Therapie entscheiden Sie und Ihr Therapeut in der Regel gemeinsam. Grundsätzlich gilt: Wenn die zu Beginn der Therapie gemeinsam erarbeiteten Therapieziele erreicht sind, endet die Therapie. Es kann aber auch sein, dass die für eine Therapie genehmigte Anzahl von Stunden verbraucht ist und deshalb die Therapie beendet wird. Ihr Therapeut sollte deshalb rechtzeitig eine weitere Bewilligung der Psychotherapie beantragen.

Hilfsmittel

Hilfsmittel sind Gegenstände, deren Gebrauch eine beeinträchtigte Körperfunktion ersetzt, erleichtert, ergänzt oder erst ermöglicht. Hierzu gehören also beispielsweise Sehhilfen, Hörhilfen, Prothesen, orthopädische Anfertigungen, Rollstühle, Blindenstöcke, Gehhilfen etc.

Sie werden im Rahmen der medizinischen Rehabilitation gewährt, wenn Sie diese tragen oder mitführen können, um einer drohenden Behinderung vorzubeugen, den Erfolg einer Heilbehandlung/Rehabilitationsleistung zu sichern oder eine Behinderung bei der Befriedigung von Grundbedürfnissen des täglichen Lebens auszugleichen. Der Anspruch umfasst auch die notwendige Änderung, Instandsetzung und Ersatzbeschaffung sowie die Ausbildung in ihrem Gebrauch. Es gibt daher Hilfsmittel, zum Beispiel Prothesen, die grundsätzlich Leistungen der medizinischen Rehabilitation darstellen, weil sie eine Behinderung ausgleichen.

***Beispiel:** Herr Schulz, 68 Jahre alt, leidet unter einer altersbedingten Verkrümmung der Wirbelsäule, sodass ihm das aufrechte Gehen zunehmend schwer fällt. Hier ist die Verordnung eines Rollators durch den Hausarzt angezeigt. Die Lastenverteilung auf die Arme und Hände führt zu einer Entlastung des Rückens, der infolge der eingetretenen Fehlstellung sicherlich bereits fortlaufend Schmerzen verursacht.*

Ein Rollstuhl hingegen kann zur Überwindung einer nur wenige Wochen andauernden Gehunfähigkeit nach einem Beinbruch ein übliches Hilfsmittel der Krankenversicherung sein oder eine Leistung zur medizinischen Rehabilitation, wenn er benötigt wird, um eine dauernde Gehunfähigkeit auszugleichen.

Der Anspruch auf Hilfsmittelversorgung richtet sich je nach den konkreten Lebensumständen des Antragstellers an unterschiedliche Träger. Außer der Krankenversicherung kommen hier vor allem die Träger der gesetzlichen Unfallversicherung (insbesondere Berufsgenossenschaften und Unfallkassen), die Renten- und die Pflegeversicherung, die Agentur für Arbeit und die Jobcenter, das Integrationsamt oder der Sozialhilfeträger infrage (Seite 36 ff.).

! Achtung

Es reicht nicht als Anspruchsvoraussetzung aus, dass das Hilfsmittel im Hilfsmittelverzeichnis gelistet ist.

Die Krankenkassen sind verpflichtet, ihren Mitgliedern nach Grund und Anlass entsprechende Hilfsmittel zu stellen. Die Versorgung der Patienten übernehmen die jeweiligen Leistungserbringer wie zum Beispiel Sanitätshäuser, Apotheken und Orthopäden. Die Kassen sind im Regelfall verpflichtet, von ihren Mitgliedern eine Selbstbeteiligung zu verlangen. Diese Zuzahlung ist von volljährigen Versicherten in Höhe von 10 Prozent des Abgabepreises, mindestens aber 5 Euro und höchstens 10 Euro, zu leisten.

Zusätzlich ist festgelegt, dass die Verordnung von Hilfsmitteln im Gegensatz zu der von Heilmitteln durch die Kassen zu prüfen und zu genehmigen ist. Damit eine Fehlversorgung ausgeschlossen werden kann, prüft der Medizinische Dienst der Krankenkassen (MDK) folgende Aspekte:

- **den therapeutischen und qualitativen Nutzen.** Der MDK prüft, ob mit einem ähnlichen oder anderen Hilfsmittel ein gleicher oder besserer therapeutischer Nutzen erzielt werden kann. Dabei steht die ärztliche Diagnose oder der vorgegebene therapeutische Weg des Vertragsarztes nicht zur Diskussion.
- **die Wirtschaftlichkeit des Hilfsmittels.** Es soll geprüft werden, ob ein entsprechendes Hilfsmittel im Lagerbestand der Kassen vorhanden und einsetzbar ist.

Die Ablehnung eines Hilfsmittels durch die gesetzliche Krankenversicherung ist in der Regel nur zulässig, wenn eine andere Versorgung einen besseren therapeutischen Nutzen erreicht. Eine Ablehnung mit der sinngemäßen Begründung, das angestrebte Hilfsmittel sei zu teuer oder unwirtschaftlich, ist im Sozialgesetz nicht vorgesehen.

Hilfsmittel oder Gegenstand des täglichen Lebens?
Schuhe zum Beispiel sind üblicherweise Gegenstände des täglichen Lebens, können aber im Zusammenhang mit einer Krankheit oder Behinderung auch ein Hilfsmittel sein. Für einen gesunden Menschen ist ein Schuh ein Gebrauchsgegenstand. Er kann ihn nach seinen eigenen Wünschen auswählen und muss ihn selbst bezahlen. Für kranke oder behinderte Menschen kann ein Schuh, der besonders geformt ist, einen Ausgleich oder die Reduzierung der Behinderung oder sogar ein Mittel zur Rehabilitation darstellen. Er kann auch ein Schutz vor einem besonderen Gesundheitsrisiko sein.

Viele Dinge des täglichen Lebens kommen durch ihre Indikation in den Status eines Hilfsmittels. Dabei ergeben sich natürlich auch viele Grenzfälle der Beurteilung.

Ist ein Pflegebett notwendig als Hilfsmittel und gehört dann der Bettrahmen zum Hilfsmittel oder ist dieser wiederum ein Gegenstand des täglichen Lebens, den Sie selbst bezahlen müssen? In solchen Fällen wird die Abgrenzung zwischen Hilfsmittel und Gebrauchsgegenstand immer schwierig sein. In der Regel übernimmt die Krankenkasse jedoch die Kosten für den Bettrahmen bei Pflegebetten, da beide in fester (verschraubter) Verbindung zueinander stehen.

Anders verhält es sich bei der Frage nach dem Funktionsumfang von Hilfsmitteln. In vielen Fällen reicht ein herkömmliches Pflegebett zur Versorgung des Patienten aus. Es gibt aber Krankheitsbilder, bei denen Betten mit erweitertem Funktionsumfang (Aufstehbetten oder -rollstühle) erhebliche Vorteile (zum Beispiel das selbstständige Aufstehen) bringen. Der erweiterte Funktionsumfang wirkt sich naturgemäß auf die Beschaffungskosten für die Kassen aus. Die

Verordnung kann in diesen Fällen schnell von den Kassen abgelehnt werden. Als Ablehnungsgrund wird häufig angeführt, dass die Versorgung mit einem einfachen Hilfsmittel ausreichen würde und deshalb das Hilfsmittel mit dem erweiterten Funktionsumfang nicht wirtschaftlich sei.

Diese Argumentation ist jedoch nicht schlüssig, denn nicht ohne Grund hat Ihr behandelnder Arzt das entsprechende Hilfsmittel verschrieben. Hier darf die Krankenkasse lediglich dann ablehnen, wenn sie erläutert, welche der erweiterten Funktionen dem Patienten bzw. dem pflegenden Umfeld keinen Nutzen erbringt.

! Wichtig

Besprechen Sie eine Ablehnung möglichst bald mit Ihrem verordnenden Arzt. Er wird Ihnen häufig eine medizinische Einschätzung dazu geben können, ob und wie die Ablehnungsgründe entkräftet werden können. Beachten Sie unbedingt die Widerspruchsfrist, die in der Regel einen Monat beträgt, und legen Sie Ihren Widerspruch schriftlich ein.

Führen die erweiterten Funktionen nämlich gerade dazu, dass die Selbstständigkeit des Patienten erkennbar steigt und daher wenigstens dem teilweisen Ausgleich der Behinderung dient, darf die Kasse hier keine Abstriche vornehmen. Denn auch das versorgende Umfeld wird mit der steigenden Selbstständigkeit des Patienten deutlich körperlich entlastet. Außerdem berücksichtigen die Kassen häufig die Einsparung die ein entsprechendes Hilfsmittel eventuell bringt, indem es andere Hilfsmittel und Unterstützungen überflüssig macht. Weisen Sie daher beim Antrag oder im auf die Ablehnung folgenden Widerspruch ausdrücklich darauf hin, welche Kosten auf den Träger infolge der Ablehnung zukommen werden, weil andere – unter Umständen viel teurere – Maßnahmen wie Hilfsmittel oder auch Operationen notwendig werden.

Stufenweise Wiedereingliederung

Können Versicherte nach einer medizinischen Rehabilitation aus gesundheitlichen Gründen nicht sofort wieder ihrer Beschäftigung nachgehen, kommt eine stufenweise Wiedereingliederung gemäß § 28 SGB IX in Betracht. Ziel dieser Maßnahme ist es, die Versicherten schrittweise wieder an die volle Arbeitsbelastung heranzuführen, um den Übergang in die volle Berufstätigkeit zu erleichtern.

Die sogenannte stufenweise Wiedereingliederung wird im Allgemeinen als „Hamburger Modell" bezeichnet (§ 74SGB V, § 28 SGB IX). Oft wird diese Maßnahme in einer Reha- oder Krankenhausbehandlung nach einer länger andauernden Arbeitsunfähigkeit für die Zeit danach empfohlen und im Entlassungsbericht vermerkt. Sie kann gleichermaßen von Arbeitern und Angestellten in Anspruch genommen werden. Grundsätzlich soll das Programm Mitgliedern einer gesetzlichen Krankenversicherung vorbehalten sein. Sind Sie privat krankenversichert – beispielsweise als Beamter –, können Sie dennoch ein ähnliches Prozedere anstreben.

Als Arbeitnehmer stimmen Sie mit Ihrem Arzt einen Eingliederungsplan (auch Stufenplan genannt) ab, der Ihrem Genesungsfortschritt entspricht. Darin wird etwa festgeschrieben, wie viele Stunden Sie pro Tag arbeiten, es werden eventuelle Besonderheiten aufgenommen und der Arzt gibt eine Prognose darüber ab, wann Sie Ihre vollständige Arbeitsfähigkeit wiedererlangt haben werden. Es kommt jedoch auch vor, dass der Arzt noch keine Prognose abgeben möchte und vermerkt: „noch nicht absehbar“ oder „abhängig vom Verlauf der Wiedereingliederung“ etc. Die Arbeitsaufnahme kann mit nur wenigen Stunden täglich beginnen und stufenweise bis zur vollen Arbeitszeit gesteigert werden. Die Dauer der Maßnahme liegt zwischen wenigen Wochen und mehreren Monaten, das richtet sich ganz nach Ihnen.

Während der Maßnahme erhalten Sie weiterhin Krankengeld von Ihrer Krankenkasse bzw. Übergangsgeld von der Rentenversicherung. In wenigen Ausnahmefällen kann eine Wiedereingliederungsmaßnahme auch von einer gesetzlichen Unfallversicherung oder von der Agentur für Arbeit getragen werden. Darüber hinaus besteht aber kein weiterer Anspruch auf Vergütung. Bei Beamten werden, anders als bei Arbeitern und Angestellten, die Dienstbezüge meist weiter in voller Höhe gezahlt.

Der Arbeitnehmer gilt während der Wiedereingliederungsmaßnahme weiterhin als arbeitsunfähig erkrankt. Damit kann in dieser Zeit auch kein Urlaub in Anspruch genommen werden. Der Arbeitgeber hat dafür aber auch keinen Anspruch auf Ihre Arbeitsleistung. Beamte hingegen gelten in dieser Zeit als (beschränkt) dienstfähig – mit allen Rechten und Pflichten (Urlaub, Dienstunfähigkeit wegen Krankheit etc.). Diese Auffassung ist nicht einheitlich geregelt. So gilt bei Bundesbeamten die Zeit während des Hamburger Modells als Arbeitsunfähigkeit – mit der Konsequenz, dass zum Beispiel kein Erholungsurlaub gewährt wird.

Muss der Arbeitgeber der stufenlosen Wiedereingliederung zustimmen? Der Arbeitgeber ist grundsätzlich nicht verpflichtet, mit dem Arbeitnehmer eine Vereinbarung zu schließen, die diesem die Wiedereingliederung ermöglicht. Er muss eine Ablehnung auch nicht begründen (Ausnahme gilt bei schwerbehinderten Arbeitnehmern § 81 Abs. 4 Satz 1 Nr. 1 SGB IX).

Nach § 84 Abs. 2 SGB IX ist Ihr Arbeitgeber verpflichtet, ein betriebliches Eingliederungsmanagement (BEM) zu unterhalten, wenn einer der Beschäftigten im Laufe des letzten Jahres länger als sechs Wochen ununterbrochen oder wiederholt arbeitsunfähig war. Das betriebliche Eingliederungsmanagement wurde im Jahr 2004 zum Schutz von Arbeitnehmern eingeführt und soll sicherstellen, dass Ihnen Ihr Arbeitgeber, wenn Sie längere Zeit krank waren oder sind, die Teilnahme an einem Eingliederungsprozess anbietet. Die von Ihnen und Ihrem Arbeitgeber getroffene Vereinbarung begründet kein neues oder geändertes (Teilzeit-)Arbeitsverhältnis. Dafür fehlt es nämlich an dem für ein Arbeitsverhältnis prägenden Austausch von Leistung und Gegenleistung (Arbeit gegen Entgelt). Allein die Reha-

Voraussetzungen für die Bewilligung einer stufenweisen Wiedereingliederung

Dazu gehören im Wesentlichen:

- die festgestellte Arbeitsunfähigkeit zum Zeitpunkt der Beendigung der medizinischen Rehabilitation,
- ein absehbarer Zeitpunkt der Wiedererlangung einer vollen Arbeitsfähigkeit,
- das Bestehen eines Beschäftigungsverhältnisses bzw. einer selbstständigen Tätigkeit,
- eine Belastbarkeit von mindestens zwei Stunden täglich am Arbeitsplatz,
- das Einverständnis des Arbeitgebers mit der Durchführung der stufenweisen Wiedereingliederung,
- die Abstimmung mit dem behandelnden Arzt, damit dieser den sogenannten Stufenplan erstellen kann.

bilitation ist Gegenstand der Vereinbarung. Sie soll es Ihnen nur ermöglichen, an Ihrem Arbeitsplatz die bisherigen Leistungen in vorher festgelegtem zeitlich verringertem Umfang zu erbringen.

Die Wiedereingliederungsmaßnahme kann von allen Vertragsseiten (von der Krankenkasse, dem behandelnden Arzt, Ihrem Arbeitgeber oder von Ihnen selbst) abgebrochen werden. Nehmen Sie an sieben Tagen aus gesundheitlichen Gründen (Arbeitsunfähigkeitsbescheinigung) nicht an der Maßnahme teil, gilt sie als gescheitert. In Einzelfällen kann ein Fortbestand der Maßnahme über die 7-Tage-Regelung hinaus angestrebt werden, wenn Aussicht auf einen positiven Abschluss der Wiedereingliederung besteht.

Belastungserprobung und Arbeitstherapie

Belastungserprobung und Arbeitstherapie als Leistungen der medizinischen Rehabilitation sind vor allem sinnvoll für

- Menschen, die schwere Unfallverletzungen erlitten haben,
- psychisch Kranke,
- mehrfach Behinderte.

Leistungsverpflichtet sind die Unfall- bzw. Rentenversicherungsträger (vgl. § 27 SGB VII und §15 SGB VI) und nachrangig die Krankenkassen (§ 42 SGB V).

Die Belastungserprobung dient vor allem der Feststellung der gesundheitlichen Belastbarkeit für eine spätere berufliche Bildungsmaßnahme oder Arbeitstätigkeit. Sie ist typischerweise eine Vorstufe zur beruflichen Rehabilitation und kann insbesondere auch

Hinweise zur (stufenweisen) Wiedereingliederung am bisherigen Arbeitsplatz liefern. Sie kann infrage kommen, wenn zum Beispiel im Rahmen der Anamnese oder eines Screenings eine arbeits- und berufsbezogene Problemlage deutlich wird.

Während eine interne Belastungserprobung als tätigkeitsspezifische Maßnahme in das Setting einer Rehabilitationsklinik eingebunden ist, erfolgt eine externe Belastungserprobung als berufsspezifische Maßnahme eher in Kooperation mit Betrieben oder mit einem Berufsförderungswerk.

Wozu dient eine Belastungserprobung? Bei einer Belastungserprobung handelt es sich im Allgemeinen um eine diagnostisch orientierte Maßnahme, die in erster Linie dazu dient, Ihre persönliche psychische und physische Belastungsfähigkeit einzuschätzen. Dabei wird möglichst tätigkeits- bzw. berufsspezifisch erfasst, inwieweit Ihr Leistungsprofil den Anforderungen Ihrer Tätigkeit entspricht. Im Bereich der Psychosomatik und bei Abhängigkeitserkrankungen können aber auch therapeutische Ziele mit der Maßnahme verfolgt werden. Indem unter realitätsnahen Bedingungen Ihre vorhandenen Fähigkeiten und Defizite aufgezeigt werden, fördert man beispielsweise Ihre Selbsteinschätzung. Die externe, also berufsbezogene Belastungserprobung wird unter anderem bei Fragen der Eignung für ein bestimmtes Berufsfeld sowie der beruflichen Neu- und Umorientierung eingesetzt.

Welche Voraussetzungen müssen für die Bewilligung erfüllt sein? Es sollte eine möglichst detaillierte Beschreibung Ihres Arbeitsplatzes vorliegen. Sie kann zum Beispiel auf einem Auskunftsbogen zur beruflichen Belastung von Ihnen persönlich oder dem Arbeitgeber ausgeführt werden. Bei der internen Belastungserprobung sind geeignete tätigkeitsspezifische Erprobungsfelder erforderlich, das heißt eine Angabe darüber, in welchem Bereich Sie tätig sind (kaufmännische, handwerkliche, hauswirtschaftliche, pflegerische oder EDV-Tätigkeit). Für die externe Belastungserprobung müssen Kooperationen mit Betrieben oder einem Berufsförderungswerk bestehen.

Was passiert während einer Belastungserprobung? Die Überprüfung und Förderung tätigkeitsorientierter und sozialer Kernkompetenzen geschehen klinikintern in verschiedenen Arbeitsbereichen. So erfolgen beispielsweise Erprobungen an EDV-Arbeitsplätzen oder in Werkstätten, an kaufmännischen und gewerblichen Arbeitsplätzen oder auch im Außenbereich der Klinik. Im Falle einer berufsbezogenen Erprobung findet die Maßnahme außerhalb der Klinik unter realen Arbeitsbedingungen in einem Betrieb oder einem Berufsförderungswerk statt. Damit wird untersucht, ob Sie den Anforderungen Ihres bisherigen Tätigkeitsfelds noch gewachsen sind. Alternativ kann es darum gehen, ein neues Tätigkeitsfeld kennenzulernen, wenn Sie die alte Tätigkeit nicht mehr ausüben können. Im Rahmen einer Belastungserprobung erhalten Sie soweit nötig konkrete Hilfestellungen zum Umgang mit Ihrer Erkrankung am Arbeitsplatz.

Wie verläuft die Belastungserprobung? Beide Formen der Maßnahme werden von der Klinik organisiert und gesteuert. Die externe Belastungserprobung kann sich direkt an eine interne Belastungserprobung anschließen oder auch unabhängig davon durchgeführt werden. Die Vorbereitung auf die Maßnahme erfolgt üblicherweise in der Rehabilitationsklinik im Rahmen der Psychologie, des Sozialdienstes oder der Ergotherapie/Arbeitstherapie. Nach Erhebung einer Arbeits- bzw. Berufsanamnese, gegebenenfalls ergänzender

Tests und einer medizinischen Untersuchung wird im Gespräch mit Ihnen festgelegt, in welchem Feld die Belastungserprobung stattfinden soll. Damit gegebenenfalls weitere therapeutische Maßnahmen rechtzeitig eingeleitet werden können, sollte möglichst zu Beginn der Rehabilitation die Erprobung mit diagnostischem Schwerpunkt durchgeführt werden. Im Allgemeinen wird die Belastungserprobung als Einzelmaßnahme durchgeführt. Es können jedoch auch Kleingruppenarbeiten, insbesondere zur Erfassung sozialer Kompetenzen, sinnvoll sein.

Die externe Belastungserprobung erfolgt durch die Mitarbeit in Form eines Praktikums oder einer Hospitation. Hieraus ergeben sich dann die Inhalte für weiterführende Beratungen und weitere therapeutische Maßnahmen. Bei einer Belastungserprobung mit therapeutischem Schwerpunkt sind regelmäßig Einzeltermine bei einem Bezugstherapeuten (Psychologe, Sozialarbeiter oder Sozialpädagoge) unabdingbar, um die Erkenntnisse aus dem Praktikum zu besprechen.

Wie lange dauert die Maßnahme und wer ist daran beteiligt? Die Dauer einer Belastungserprobung kann sehr unterschiedlich sein und hängt sowohl von der Indikation als auch von Ihrer individuellen Situation und der Zielsetzung der Maßnahme ab. Der tägliche Arbeitsumfang schwankt zwischen mindestens drei Stunden bis hin zu maximal acht Stunden. Ist die Belastungserprobung auf körperliche Gesundheitsschäden zurückzuführen, ist eine externe Maßnahme meist auf maximal vier Tage begrenzt. In der Psychosomatik und bei Abhängigkeitserkrankungen sollten externe Belastungserprobungen mit einer Dauer von zwei bis vier Wochen angestrebt werden.

Zu den möglichen Berufsgruppen, die an einer Belastungserprobung beteiligt sind, gehören unter anderem Ärzte (das kann beispielsweise ein Arbeitsmediziner sein, der die Voraussetzungen prüft), Psychologen, Psychotherapeuten, Sozialarbeiter, Sozialpädagogen, Ergotherapeuten, Physiotherapeuten oder Sprachtherapeuten.

Die Arbeitstherapie ist ein Behandlungsfeld der Ergotherapie, bei dem Arbeit unter wirklichkeitsnahen Bedingungen als Mittel der Therapie eingesetzt wird. Der Patient wechselt zunehmend aus der Rolle des Behandelten in die des Handelnden über. Ziel ist es, die körperliche, geistige und seelische Belastbarkeit zu steigern sowie die Arbeitsgrundfähigkeit und spezielle Fähigkeiten für die berufliche (Wieder-)Eingliederung zu verbessern und zu stabilisieren.

Zur (Wieder-)Herstellung Ihrer Arbeitsfähigkeit werden die entsprechenden Rahmenbedingungen und Übungsbereiche geschaffen und Förderprogramme entwickelt.

Strategien der Arbeitstherapie

Die Arbeitstherapie soll verschiedene Fähigkeiten verbessern oder wiederherstellen.

- Grundarbeitsfähigkeiten wie Ausdauer, Konzentration, Tages- und Zeitstrukturierung,
- soziale Fähigkeiten wie Kontakt-, Durchsetzungs- und Anpassungsfähigkeit, Selbstvertrauen oder Entscheidungsfähigkeit,
- motorische Fähigkeiten wie Feinmotorik, Geschicklichkeit und körperliche Belastbarkeit,
- instrumentelle und individuelle Kompetenzen (zum Beispiel Rechnen, Schreiben, Organisieren),
- Alltagskompetenzen.

Ein Arbeitstherapeut erstellt mit Ihnen zunächst eine Arbeits- und Berufsanamnese. Er entwickelt Anforderungs- und Eignungsprofile und führt mit Ihnen realitätsorientierte Trainingsangebote und Belastungserprobungen durch. Auch informiert er Sie über Möglichkeiten der (Wieder-)Eingliederung in das Arbeitsleben und betreut Sie an der neuen Arbeitsstelle. Gemeinsam mit Ihnen und dem Arbeitgeber erarbeitet er Vorschläge, um gegebenenfalls Ihren Arbeitsplatz individuell an Ihre Bedürfnisse anzupassen.

Anschlussrehabilitation

Die Anschlussrehabilitation, auch Anschlussheilbehandlung genannt, ist eine ambulante oder stationäre Leistung der medizinischen Rehabilitation, die allerdings nur infrage kommt, wenn sie sich unmittelbar an eine stationäre Krankenhausbehandlung anschließt. Mit dem Wort „unmittelbar" meint der Gesetzgeber grundsätzlich eine Frist von höchstens zwei Wochen nach der Entlassung aus dem Krankenhaus.

Ob bei Ihnen die Voraussetzungen für eine Anschlussrehabilitation vorliegen, stellt das Krankenhaus, in dem Sie stationär aufgenommen sind, fest. Unterstützung erhalten Sie in der Regel durch die Sozialdienste der Krankenhäuser. Nun kann die Rehabilitation entweder durch eine direkte Verlegung in die jeweilige Einrichtung oder innerhalb der folgenden 14 Tage, wenn die direkte Verlegung nicht möglich ist, erfolgen. Die zweite Möglichkeit kommt grundsätzlich nur zur Anwendung, wenn die Rentenversicherung oder Ihre Krankenkasse erst über den Antrag entscheiden muss.

Voraussetzung für die Aufnahme in die Anschlussrehabilitation ist, dass der Rehabilitand früh mobilisiert ist.

Das heißt, Sie müssen ohne erhebliche Pflegeleistungen zurechtkommen. Sie müssen zudem ausreichend belastbar sowie in der Lage und motiviert sein, aktiv bei der Rehabilitation mitzuwirken.

Die Rentenversicherungsträger haben eine nicht abschließende Liste von Erkrankungen aufgestellt, bei denen normalerweise Anschlussrehabilitationen gewährt werden. Hierzu zählen unter anderen Krankheiten des Herzens und des Kreislaufs, Krankheiten der Gefäße sowie entzündlich-rheumatische Erkrankungen.

Wenn Reha zur Rente führt

Im Recht der Rehabilitation gilt der Grundsatz „Reha vor Rente". Was passiert aber, wenn eine medizinische Rehabilitation nicht oder nicht vollständig erfolgreich ist? Im Anschluss an eine medizinische Rehabilitation erhält der zuständige Träger einen Abschlussbericht über den Verlauf und das Ergebnis der durchgeführten Maßnahme. Außerdem wird darin festgehalten, in welchem Umfang Sie Ihrer letzten beruflichen Tätigkeit nachgehen können.

! Wichtig

Sollten Sie aus persönlichen Gründen die Umdeutung Ihres Reha-Antrags nicht wünschen, können Sie dieser unter Umständen widersprechen. Hat jedoch ursprünglich Ihre Krankenkasse Sie zur Beantragung von Rehabilitationsmaßnahmen aufgefordert, benötigen Sie deren Zustimmung für den Widerspruch. Bitte wenden Sie sich in diesem Fall unbedingt vorher an Ihre Krankenkasse.

Stellt die Rehabilitationseinrichtung fest, dass nur noch ein vermindertes oder gar kein Leistungsvermögen vorhanden ist, kann Ihr Rehabilitationsantrag gegebenenfalls in einen Rentenantrag umgedeutet werden. Diese gesetzliche Regelung soll finanziellen Verlusten vorbeugen, die sich aus dem späteren Vorliegen der vollständigen Rentenantragsunterlagen ergeben können.

Rehabilitation im Ausland

Grundsätzlich dürfen Sie Vorsorge- und Rehabilitationsleistungen in anderen Mitgliedsstaaten der Europäischen Gemeinschaft in Anspruch nehmen, wenn nach deutschem Recht die maßgeblichen Voraussetzungen erfüllt sind. Zum Ausland zählen auch andere Vertragsstaaten des Abkommens über den Europäischen Wirtschaftsraum. Zwar kann die konzeptionelle Ausrichtung einer Rehabilitationsleistung im Ausland anders ausfallen, dennoch muss der Rehabilitationsträger genau abwägen, ob Ihr Wunsch, eine Leistung im Ausland durchzuführen, gegebenenfalls berechtigt ist.

> **! Achtung**
>
> Kosten, die im Rahmen einer Vorsorge- bzw. Rehabilitationsleistung für Mütter oder Väter im Ausland entstehen, werden bisher nicht übernommen. Die Angebote, die es für solche Kuren in Deutschland gibt, sind gegenüber denen im Ausland in der Regel gleichwertig, wenn nicht sogar besser geeignet. Daher fehlt es schlicht an den rechtlichen Grundlagen für die Übernahme solcher Kosten.

Für die Beantragung sowohl von ambulanten als auch von stationären Vorsorge- und Rehabilitationsleistungen im Ausland – genau wie im Inland – muss vor ihrem Beginn eine ärztliche Verordnung bzw. ein Befundbericht vorgelegt werden. Wählen Sie, um Komplikationen bei der Bewilligung zu vermeiden, möglichst einen ausländischen Leistungserbringer aus den vorhandenen Verzeichnissen des betreffenden Rehaträgers aus. Diese finden sie auf den betreffenden Internetseiten der Träger. Auf Nachfrage senden sie Ihnen diese auch postalisch zu.

Die Entscheidung über Art und Dauer sowie Umfang und Beginn der Leistung trifft der Rehabilitationsträger nach pflichtgemäßem Ermessen. Eine nachträgliche Kostenerstattung scheidet in der Regel aus, da die Prüfung der Notwendigkeit der in Anspruch genommenen Leistung dann nicht mehr erfolgen kann. Ohne vorangegangene Entscheidung kann ein Versicherter die Kostenerstattung einer nach allgemein anerkanntem Stand der medizinischen Erkenntnisse ausschließlich im Ausland möglichen Behandlung von der Krankenkasse nur beanspruchen, wenn die Behandlung unaufschiebbar ist oder wenn die Krankenkasse ihn durch Irreführung davon abgehalten hat, seine Verpflichtungen zu erfüllen.

In Ihrem eigenen Interesse sollten Sie sich im Anschluss an die Auslandsmaßnahme von einem inländischen Arzt, am besten an Ihrem Wohnort, versorgen lassen. Nur so kann sichergestellt werden, dass ein ärztlicher (Entlassungs-)Bericht in verständlicher Form zum Rehabilitationsträger gelangt.

Tipp

Bei der Planung einer Leistungsinanspruchnahme im europäischen Ausland ist es von Vorteil, wenn Sie sich bereits bei der Planung des Aufenthalts informieren, ob ein deutschsprachiger Ansprechpartner oder Arzt zur Verfügung steht. Dies ist für die Kommunikation vor Ort, aber auch für jede Vor- und Nachversorgung hilfreich.

In welcher Höhe erfolgt eine Erstattung und wie viel muss ich zuzahlen? Erstattet wird in der Regel ein Vergütungssatz, der bei einer Sachleistung im Inland zu tragen gewesen wäre. Genaue Beträge können hier aufgrund der Verschiedenheit der unterschiedlichen Leistungen nicht genannt werden.

Ist der Rechnungsbetrag höher, als er es unter Bezugnahme auf deutsche Vertragssätze wäre, ist eine Zuzahlung auf der Grundlage der Inlandssätze zu ermitteln. Ist der Rechnungsbetrag niedriger, als er es unter Bezugnahme auf deutsche Vertragssätze wäre, ist die Zuzahlung vom Rechnungsbetrag ausgehend zu ermitteln.

Gibt es auch Erstattungen für Fahrkosten? Bei einer ambulanten Vorsorgeleistung am Kurort ist eine Fahrkostenerstattung ausgeschlossen. Bei stationären Vorsorgeleistungen sowie bei ambulanten und stationären Rehabilitationsleistungen können Fahrkosten als Nebenleistung erstattet werden. Die Höhe richtet sich nach dem Weg von Ihrem Wohnort zur nächsten geeigneten inländischen Einrichtung und zurück. Entstehen diese Fahrkosten im Zuge einer Rehabilitationsleistung, müssen Sie keine Zuzahlung leisten.

Das Bundessozialgericht hat darüber hinaus mit Urteil vom 6. März 2012 (Az. B 1 KR 17/11 R) zur Kostenübernahme einer medizinischen Reha-Maßnahme im Ausland Stellung genommen und ist zu dem Ergebnis gekommen, dass diese Leistungen im Ausland (außerhalb der Europäischen Union, des Europäischen Wirtschaftsraums und der Schweiz) nur unter der Voraussetzung eines qualitativen oder quantitativen Versorgungsdefizits zulasten der gesetzlichen Krankenversicherung in Betracht kommen. Es reicht nicht, wenn sie dort wirtschaftlicher ausgeführt werden können.

Haben Sie einen Anspruch, wenn Sie im Ausland wohnen? Haben Sie Ihren gewöhnlichen Wohnsitz im Ausland, steht dies einer Bewilligung von Rehabilitationsleistungen nicht entgegen. Wann Sie Ihren gewöhnlichen Aufenthalt ins Ausland verlagern, also ob vor oder nach Beginn Ihrer Erkrankung, spielt keine Rolle.

Zu den Geldleistungen, die Sie im Ausland beziehen können, gehören Verletzten- und Übergangsgeld, Renten und Hinterbliebenenleistungen sowie Pflegegeld als Ersatz für Sach- und Dienstleistungen.

Bei weiteren Leistungen wie beispielsweise Kfz-, Wohnungs- oder Haushaltshilfe liegt die Höhe der Erstattung in der Regel im Ermessen des zuständigen Trägers oder ist von Pauschalsätzen für tatsächlich entstandene Aufwendungen abhängig. Dieser wird nur eine angemessene Erstattung vornehmen. Als angemessen gilt eine Erstattung bis zur Höhe der tatsächlichen Kosten, wenn diese auch im Inland angefallen wären.

Liegen die Kosten über dem im Ausland üblichen Satz, können sie ausschließlich aus besonderen Gründen (hierfür ist ein Nachweis erforderlich) übernommen werden, jedoch ebenfalls nur bis zur Höhe des Inlandssatzes. Die Zahlung erfolgt entweder auf ein inländisches Konto oder unter Umständen auch auf ein ausländisches Konto, wenn hierdurch keine unverhältnismäßigen Mehrkosten entstehen.

Anfallende Kosten für eine Sach- oder Dienstleistung (beispielsweise für Medikamente und Krankenhausbehandlung) müssen Sie grundsätzlich selbst bezahlen, weil diese Kosten im Regelfall nicht von Ihrem Rehabilitationsträger übernommen werden. Der Einfachheit halber erfragen Sie vor der jeweiligen Behandlung bei Ihrem Träger, ob eine Erstattung infrage kommt.

Halten Sie sich nur vorübergehend im Ausland auf, kann eine im Inland stattfindende Behandlung natürlich übernommen werden.

Wieder zu Hause: was nach der Reha wichtig ist

Einige ergänzende Rehabilitationsleistungen zielen speziell darauf ab, behinderte bzw. von Behinderung bedrohte Menschen dauerhaft in die Gesellschaft einzugliedern und zu langfristigem und selbstständigem Bewegungstraining zu motivieren. Das gemeinsame Üben in festen Gruppen ist daher Voraussetzung, um gruppendynamische Effekte zu fördern, den Erfahrungsaustausch zwischen den Betroffenen zu unterstützen und damit den Selbsthilfecharakter der Leistung zu stärken. Sowohl Rehabilitationssport als auch ärztlich verordnetes Funktionstraining zählen zu solchen bewegungstherapeutischen Übungen.

Rehabilitationssport

Rehabilitationssport wird von verschiedenen Rehabilitationsträgern übernommen und soll dauerhaft dazu beitragen, durch eine Behinderung oder eine Erkrankung wie etwa nach einem Herzinfarkt, aber auch durch einen schweren Unfall beeinträchtigte Menschen in die Gesellschaft und das Arbeitsleben einzugliedern. Ziel des Rehabilitationssports ist es, die Selbsthilfepotenziale und Eigenverantwortlichkeit zu aktivieren bzw. zu stärken. So sollen Kraft, Ausdauer, Koordination und Flexibilität verbessert werden, damit es Ihnen auf lange Sicht möglich ist, selbstständig und möglichst auf eigene Kosten Ihre Bewegung zu trainieren.

Die positiven Einflüsse des Rehabilitationssports resultieren daraus, dass sich dieser Mittel des Sports und sportlicher Spiele zunutze macht. Dabei ist lediglich ein Mindestmaß an Mobilität sowie physischer und psychischer Belastbarkeit für Übungen in der Gruppe erforderlich.

Rehabilitationssport umfasst Übungen, die in der Gruppe im Rahmen regelmäßig abgehaltener Übungsveranstaltungen durchgeführt werden. Auch Maßnahmen, die einem krankheits-/behinderungsgerechten Verhalten und der Bewältigung psychosozialer Krankheitsfolgen dienen (zum Beispiel Entspannungsübungen), sowie die Einübung im Gebrauch technischer Hilfen können Bestandteil des Rehabilitationssports sein. Die einzelnen Maßnahmen sollen auf die Erfordernisse der Teilnehmer/-innen abgestimmt sein.

Rehabilitationssport kann auch spezielle Übungen für gehandicapte Frauen und Mädchen umfassen, deren Selbstbewusstsein als Folge der Behinderung oder drohenden Behinderung eingeschränkt ist und bei denen die Stärkung des Selbstbewusstseins mit solchen Aktivitäten erreicht werden kann.

Ärztlich verordnetes Funktionstraining

Unter Anleitung und Überwachung von Krankengymnasten und Ergotherapeuten erfolgt das sogenannte Funktionstraining, das sich gezielt auf körperliche Strukturen auswirkt. Ziel ist vor allem die Erhaltung, die Beseitigung oder Verbesserung von Funktionsstörungen. Außerdem sollen drohende Funktionsverluste einzelner Organsysteme und Körperteile (wie zum Beispiel bei Osteoporose oder Rheuma) hinausgezögert werden. So soll die Therapie zu einer Schmerzlinderung beitragen, die Beweglichkeit verbessern und eine Hilfe zur Selbsthilfe aufzeigen. Funktionstraining kommt zur Anwendung, um Sie möglichst auf Dauer in die Gesellschaft und das Arbeitsleben einzugliedern.

Neben den bewegungstherapeutischen Übungen können Gelenkschutzmaßnahmen und die Einübung im Gebrauch technischer Hilfen und von Gebrauchsgegenständen des täglichen Lebens Bestandteil des Funktionstrainings sein.

Voraussetzung für die Bewilligung von Funktionstraining ist hauptsächlich die ärztliche Verordnung des Mediziners, der Ihr Leiden und dessen Folgen regelmäßig behandelt. Der Arzt überwacht daher auch den Erfolg der Behandlung, er betreut Sie also während der Therapie weiterhin.

Tipp

Den Text der Rahmenvereinbarung über Rehabilitationssport und Funktionstraining finden Sie zum Beispiel im Internet, beispielsweise bei der Bundesarbeitsgemeinschaft für Rehabilitation, www.bar-frankfurt.de, unter dem Punkt „Rehabilitationssport und Funktionstraining“.

Weitere Rehabilitationsleistungen

Geriatrische Rehabilitation

Einen Sonderfall stellt die unter dem Begriff „geriatrische Rehabilitation“ bekannte Versorgung älterer Menschen dar. Eigentlich hatte der Gesetzgeber bereits 2007 vorgesehen, dass dieser Leistungsbereich eine gesetzliche Regelung erfahren sollte. Dieses Vorhaben wurde jedoch wieder fallen gelassen, da in den Expertenanhörungen die Auffassung vertreten wurde, dass die Vorschriften über die Rehabilitation alle möglichen Besonderheiten der Rehabilitation älterer Menschen ausreichend bedient. Das Argument lautete, dass alle Träger der Rehabilitation gehalten sind, abzeichnender Pflegebedürftigkeit vorzubeugen oder sie gar zu beseitigen.

Von einem geriatrischen Patienten wird in der Regel gesprochen, wenn ein höheres Lebensalter – ca. 70 Jahre und älter – erreicht ist und eine Multimorbidität, das heißt mindestens zwei behandlungsbedürftige Krankheiten, vorliegen. Ziel der Rehabilitation mit geriatrischem Hintergrund ist vor allem die Vermeidung von Pflegebedürftigkeit. So wird beispielsweise der ältere Mensch so weit mobilisiert, dass er (wieder) selbstständig und vor allem sicher aus dem Bett in den Rollstuhl gelangt. Auch kann die Rehabilitation dazu dienen, dass es dem Pflegebedürftigen möglich wird, selbstständig zu essen oder mehr als eine Treppenstufe zu steigen.

Eine geriatrische Rehabilitation kann sowohl ambulant als auch stationär stattfinden. Um die Leistungen zu beantragen, sollten folgende Voraussetzungen erfüllt sein:

1. ein höheres Lebensalter,
2. Rehabilitationsbedürftigkeit,
3. Rehabilitationsbereitschaft,
4. Rehabilitationsfähigkeit.

Die **ambulante geriatrische Rehabilitation** bietet älteren Menschen die Möglichkeit, neben dem Verbleib in der vertrauten häuslichen Umgebung so häufig wie nötig das therapeutische Angebot sowie die ärztliche Betreuung einer Rehabilitationsklinik zu nutzen. Der Transport kann dabei sogar von der Klinik übernommen werden.

Einerseits kann hierdurch der Übergang aus der vollstationären Rehabilitation erleichtert werden, andererseits aber auch einer drohenden Verschlechterung einer Krankheit oder Behinderung vorgebeugt werden.

Gerade das Wechselspiel zwischen Rehabilitation und Alltagserfahrungen ermöglicht es den älteren Menschen, das Gleichgewicht zwischen ihren Fähigkeiten und den Anforderungen der Umwelt wiederherzustellen.

Die Anmeldung für die ambulante geriatrische Rehabilitation und der Antrag auf Kostenübernahme bei der zuständigen Krankenkasse erfolgt in der Regel über die behandelnde Klinik oder durch den Hausarzt.

Die **stationäre geriatrische Rehabilitation** umfasst die Erkennung und Behandlung von chronischen körperlichen und seelischen Leiden direkt nach einer Akutbehandlung im Krankenhaus. Hierzu steht den Patienten während ihres Aufenthalts ein qualifiziertes, speziell ausgebildetes Team zur Seite. Ärzte und Pflegepersonal, Physio- und Ergotherapeuten, Logopäden und Seelsorger sowie Mitarbeiter des Sozialdienstes sind direkt vor Ort.

Besondere Schwerpunkte von Diagnostik und Therapie der geriatrischen Klinik sind typische Erkrankungen des Alters wie Immobilität, Sturzkrankheit, Inkontinenz, Demenz oder Depression sowie Mangelernährung und

Schluckstörungen. Natürlich werden auch Erkrankungen der inneren Organe und ihrer Systeme wie Stoffwechsel-, Herz-Kreislauf- und Lungenerkrankungen sowie rheumatologische, entzündliche oder degenerative Gelenkerkrankungen behandelt.

> **Achtung**
>
> Zwar mag eine geriatrische Rehabilitation häufig angezeigt sein. Zu beachten ist jedoch, dass es auch Ausschlussgründe gibt wie beispielsweise eine Stuhlinkontinenz, die fehlende Zustimmung des Patienten oder Begleiterscheinungen und Symptome, die eine aktive Teilnahme an der Rehamaßnahme verhindern. Dazu zählen etwa Desorientiertheit, Weglauftendenz, gravierende psychische Störungen wie schwere Depression oder akute Wahnsymptomatik.

Der Antrag auf geriatrische Rehabilitation kann sowohl von einem dafür qualifizierten Arzt als auch von einem Krankenhaus, in dem der geriatrische Patient behandelt wird, gestellt werden. Dieser Antrag wird dann mit einer ärztlichen Begründung zur zuständigen Krankenkasse geschickt. Der Patient kann eine zugelassene und zertifizierte Reha-Einrichtung selbst wählen. Die Zuzahlung beträgt 10 Euro täglich bei ambulanter und stationärer geriatrischen Reha, begrenzt auf maximal 28 Tage im Kalenderjahr.

Berufliche Rehabilitation

Ein Unfall oder eine schwere Erkrankung verändert oft das ganze Leben. Umso wichtiger ist es, danach wieder beruflich Fuß zu fassen. Ziel der beruflichen Rehabilitation, die auch als Leistung zur Teilhabe am Arbeitsleben bezeichnet wird, ist es also, Ihre Arbeits- und Berufsfähigkeit, die durch Krankheit oder Behinderung gefährdet oder vermindert ist, zu verbessern oder womöglich vollständig wiederherzustellen. In Fällen, in denen eine wesentliche Besserung nicht in Aussicht gestellt werden kann, gilt es darüber hinaus, den Arbeitsplatz zu erhalten. Die jeweilige Leistung kann in ambulanter oder stationärer Form in Bildungseinrichtungen durchgeführt werden. Dabei handelt es sich um betriebliche oder überbetriebliche Stätten, in denen berufsbezogenes Wissen vermittelt wird.

Einen Anspruch auf die Leistungen der beruflichen Rehabilitation haben Sie gegenüber der Rentenversicherung

- wenn Ihnen ohne die Durchführung der Rehabilitationsmaßnahme eine Rente wegen verminderter Erwerbsfähigkeit gezahlt werden müsste oder ohne die Maßnahme eine medizinische Rehabilitation nicht erfolgreich abgeschlossen werden kann

oder

- wenn Sie zum Zeitpunkt der Antragstellung bereits eine rentenversicherungsrechtliche Wartezeit von 15 Jahren (also 180 Monate mit Beitragszeiten) zurückgelegt haben oder Erwerbsminderungsrente beziehen.

Wichtig

Bei der beruflichen Rehabilitation müssen Sie keine Zuzahlungen leisten.

Alternativ kommt für berufliche Rehabilitationsmaßnahmen die Agentur für Arbeit infrage.

Eine Leistung der Teilhabe am Arbeitsleben gemäß § 33 SGB IX erhalten Sie nicht, wenn Sie

- bereits eine Altersrente erhalten oder beantragt haben,

- als Beamter im Ruhestand sind und Versorgungsbezüge empfangen,
- bis zum Beginn Ihrer Altersrente andere Leistungen erhalten, weil Sie bereits aus dem Erwerbsleben ausgeschieden sind,

oder

- wenn Sie sich gewöhnlich im Ausland aufhalten.

Tipp

Empfänger einer Erwerbsminderungsrente und hinterbliebene Ehepartner mit Anspruch auf Witwen-/Witwerrente oder Witwen-/Witwerrente wegen verminderter Erwerbsfähigkeit erfüllen stets die Voraussetzungen für eine berufliche Rehabilitation.

Hilfen zur Erhaltung oder Erlangung eines Arbeitsplatzes

Bestimmte Leistungen sollen Ihren bisherigen Arbeitsplatz sichern oder Ihnen so schnell wie möglich zu einem neuen verhelfen. In diesem Rahmen übernehmen vorwiegend die Träger der Unfall- oder Rentenversicherung im Zusammenwirken mit der Agentur für Arbeit die Kosten. Aber auch die Integrationsämter (Seite 134) kommen für die Kostenübernahme infrage.

Werden Bewerbungskosten erstattet? Nach § 33 SGB IX gehören Aufwendungen für die Erstellung und Versendung von Bewerbungsunterlagen sowie für Fahrten zu Vorstellungsgesprächen im Rahmen einer Arbeitsplatzsuche zu den Leistungen der Rehabilitationsträger, soweit nicht die Bundesagentur für Arbeit nach §§ 45 ff. SGB III zuständig ist.

Eine Förderung durch den Rehabilitationsträger erfolgt allerdings nur im unmittelbaren Zusammenhang mit anderen gewährten Leistungen zur Teilhabe am Arbeitsleben. Entsteht für den behinderten Menschen oder eine erforderliche Begleitperson aufgrund eines Vorstellungsgesprächs ein unvermeidbarer Verdienstausfall, kann ein Ausgleich gezahlt werden.

Was ist unter dem Begriff „Trainingsmaßnahmen" zu verstehen? Hierunter werden verschiedene Leistungsformen zur Verbesserung der Eingliederungsaussichten zusammengefasst (§ 33 SGB IX). Die von der Rentenversicherung in diesem Zusammenhang erbrachten Leistungen umfassen insbesondere die Vermittlung neuer Kenntnisse und Fähigkeiten, um Ihre Eingliederungschancen oder den erfolgreichen Abschluss einer Aus- oder Weiterbildung für Sie erheblich zu verbessern.

Die Rentenversicherung nutzt solche Trainingsmaßnahmen, um die Arbeitsaufnahme von Menschen mit Behinderungen zu erleichtern. Vor allem ihre kurze Dauer von maximal acht Wochen stellt für bestimmte Fälle eine geeignete Alternative zu den sonst längerfristigen mehrmonatigen Integrationsmaßnahmen dar.

Inwieweit steht Ihnen finanzielle Unterstützung für technische Arbeitshilfen zur Arbeitsplatzausstattung zu? Technische Arbeitshilfen für behinderte Menschen sollen vorhandene Fähigkeiten fördern, Restfähigkeiten nutzen, unterstützen und gleichzeitig schützen, aber auch ausgefallene Fähigkeiten zumindest teilweise ersetzen. Ziel ihres Einsatzes ist es, die Arbeitstätigkeit überhaupt erst zu ermöglichen, die Arbeitsausführung zu erleichtern (das heißt Arbeitsbelastungen zu verringern) und die Arbeitssicherheit zu gewährleisten. So kann beispielsweise das Integrationsamt die Beschaffungs-, Wartungs- und Instandsetzungskosten von notwendiger Arbeitsausrüstung gewähren. In der Regel können Zuschüsse bis zur Höhe der entstehenden Kosten erbracht werden.

Wichtig

Sie müssen den Antrag vor der Anschaffung der Ausstattung stellen und die Genehmigung abwarten.

Technische Arbeitshilfen kommen als Einzelmaßnahme der behinderungsgerechten Arbeitsplatzgestaltung vor, zum Beispiel als orthopädischer Bürostuhl. Meist sind sie aber Bestandteil einer umfassenden Gestaltung des Arbeitsplatzes und seines Umfelds. Über ihren Einsatz wird mithilfe der Profilmethode entschieden. Wichtige Voraussetzung für die Gewährung einer technischen Arbeitshilfe ist, dass diese Ihre berufliche Eingliederung in das Arbeitsleben ermöglicht, erleichtert oder sichert. Voraussetzung ist, dass Sie schwerbehindert (§ 2 Abs. 2 SGB IX) oder einem schwerbehinderten Menschen gleichgestellt (§ 2 Abs. 3 SGB IX) sind. Außerdem müssen Sie mindestens 15 Stunden wöchentlich beschäftigt werden und das tarifliche oder zumindest ortsübliche Entgelt erhalten.

Wer gewährt Ausrüstungsbeihilfe? In der Arbeitsförderung können die Agenturen für Arbeit Arbeitslosen und von Arbeitslosigkeit bedrohten Menschen Leistungen für Geräte und geeignete Kleidung gewähren, wenn diese zur Aufnahme einer Beschäftigung notwendig sind. Die Leistung ist auf maximal 260 Euro jährlich begrenzt. Behinderten Menschen kann die Agentur für Arbeit als allgemeine Leistung zur Teilhabe am Arbeitsleben eine Ausrüstungsbeihilfe gewähren, wenn diese wegen der Art oder Schwere der Behinderung erforderlich ist, um ihre Erwerbsfähigkeit zu erhalten, zu bessern, herzustellen oder wiederherzustellen (§ 97 SGB III).

Kann ich mich nach einer Erkrankung an einen anderen Arbeitsplatz versetzen lassen? Ist es an Ihrem bisherigen Arbeitsplatz nicht möglich, eine durchschnittliche Arbeitsleistung zu erreichen, muss Ihr Arbeitgeber prüfen, ob eine Weiterbeschäftigung auf einem anderen, geeigneten Arbeitsplatz einem sogenannten leidensgerechten Arbeitsplatz im selben Betrieb möglich ist.

In der Regel kommt nur eine Versetzung oder Umsetzung auf einen freien vergleichbaren Arbeitsplatz in Betracht. Vergleichbar ist ein Arbeitsplatz nur, wenn eine Weiterbeschäftigung ohne Änderung des Arbeitsvertrags möglich ist.

Möglich wäre aber auch eine Versetzung auf einen freien Arbeitsplatz mit veränderten Arbeitsbedingungen. In diesem Fall ist allerdings eine Änderung des Arbeitsvertrags erforderlich.

Ein Weiterbeschäftigungsanspruch besteht nur auf einen bereits vorhandenen Arbeitsplatz. Ihr Arbeitgeber ist nicht verpflichtet, für Sie einen neuen geeigneten Arbeitsplatz zu schaffen.

Welche Finanzierungsmöglichkeiten gibt es für Kraftfahrzeughilfen und Parkerleichterungen? Die Finanzierung eines behindertengerechten Pkw kann im Rahmen der Kraftfahrzeughilfe-Verordnung (Kfz-HV) unterstützt werden zur Beschaffung eines Kraftfahrzeugs und für eine behinderungsbedingte Zusatzausstattung. Zudem ist eine finanzielle Förderung der Erlangung einer Fahrerlaubnis möglich. Hierfür sind verschiedene Kostenträger zuständig. Die Krankenkassen kommen dafür eindeutig nicht infrage.

Die Leistungsgewährung der Kfz-HV setzt voraus, dass Sie als behinderter Mensch infolge Ihrer Behinderung nicht nur vorübergehend auf die Benutzung eines Kraftfahrzeugs angewiesen sind, um Ihren Arbeits-

oder Ausbildungsort zu erreichen. Sie müssen natürlich ein Kraftfahrzeug führen können oder es muss gewährleistet sein, dass ein Dritter das Kraftfahrzeug für Sie führt. Wenn Sie bereits über ein Kraftfahrzeug verfügen, dessen Benutzung noch zumutbar ist, gibt es keine Leistung.

Wichtig

Die Leistungen der Kfz-HV sollten Sie unbedingt vor dem Abschluss eines Kaufvertrags über das Kraftfahrzeug und die behinderungsbedingte Zusatzausstattung sowie vor Beginn von Maßnahmen zur Erlangung einer Fahrerlaubnis beantragen. Die Kosten einer behinderungsbedingten Zusatzausstattung bleiben bei der Bezuschussung für die Anschaffung eines Kraftfahrzeugs unberücksichtigt.

Eine steuerliche Erleichterung gemäß Kraftfahrzeugsteuergesetz (KraftStG) kann für die Zeit nach der Anschaffung des Kraftfahrzeugs für Sie in Betracht kommen. Das Halten von Kraftfahrzeugen ist für Schwerbehinderte mit den Merkzeichen „H“ (hilflos), „Bl“ (blind) oder „aG“ (außergewöhnlich gehbehindert) im Schwerbehinderten-Ausweis von der Steuer befreit. Die Kfz-Steuer ermäßigt sich um 50 Prozent für Schwerbehinderte mit orangefarbener Flächenmarkierung im Schwerbehinderten-Ausweis (zugelassen zur unentgeltlichen Beförderung im öffentlichen Nahverkehr), wenn das Recht zur unentgeltlichen Beförderung nicht in Anspruch genommen wird. Hierfür muss ein Antrag gestellt werden.

Behindertenparkplätze sind mit dem Rollstuhlfahrersymbol gekennzeichnet. Für ihre Benutzung ist ein blauer Parkausweis erforderlich. Dieser kann bei der Straßenverkehrsbehörde beantragt werden. Der Parkausweis ist beim Parken deutlich sichtbar hinter der Windschutzscheibe anzubringen. Die Ausnahmegenehmigung muss zusätzlich immer mitgeführt werden. Den blauen Parkausweis erhalten schwerbehinderte Menschen, die außergewöhnlich gehbehindert (Merkzeichen aG), blind (Merkzeichen Bl) oder eine beidseitige Amelie, Phokomelie oder vergleichbare Funktionseinschränkungen haben (Contergangeschädigte).

Der blaue Parkausweis ist europaweit gültig. Es gelten im Ausland jedoch meist andere Bedingungen als in Deutschland. Informieren Sie sich deshalb rechtzeitig über die Einzelheiten. So vermeiden Sie Unannehmlichkeiten oder gar ein Bußgeld.

Gibt es auch Beihilfen für tägliche Fahrten? Eine Fahrkostenbeihilfe wird für die täglichen Pendelfahrten zwischen der Wohnung und der neuen Arbeitsstätte beispielsweise bei Beginn einer Weiterbildungsmaßnahme von dem zuständigen Rehabilitationsträger gewährt. Das Gleiche gilt, wenn Sie durch eine solche Weiterbildungsmaßnahme auswärtig untergebracht sind. Die Bewilligung setzt in erster Linie voraus, dass Sie den Antrag vor Aufnahme der neuen Tätigkeit stellen.

> **! Achtung**
>
> Ob Sie Ihre Arbeitsstelle mit öffentlichen Verkehrsmitteln oder mit dem eigenen Pkw ansteuern, ist unerheblich. Eine Fahrkostenbeihilfe bekommen Sie in beiden Fällen – nur ist die Höhe der Erstattung jeweils eine andere.

Sind Sie während einer Maßnahme auswärtig untergebracht, erstattet Ihnen der Rehabilitationsträger die Kosten für die An- und Abreise sowie eine monatliche Heimfahrt.

Ist in Ausnahmefällen wegen Art oder Schwere der Behinderung die Benutzung eines öffentlichen Verkehrsmittels oder eines privaten Kraftfahrzeugs nicht möglich oder nicht zumutbar und ist dies ärztlich bescheinigt, so werden die Kosten eines Krankenwagentransports übernommen.

Reisekosten für Kinder, deren Mitnahme erforderlich ist, weil eine anderweitige Betreuung nicht sichergestellt werden kann, werden übernommen. Die Übernahme dieser Reisekosten ist zusätzlich und unabhängig von der Höhe der zu übernehmenden Haushaltshilfekosten möglich. Hierfür muss aber ein grundsätzlicher Anspruch auf eine Haushaltshilfe bestehen.

Welche Voraussetzungen müssen erfüllt werden, um eine Trennungskostenbeihilfe zu erhalten? Trennungskostenbeihilfe kann Ihnen in den ersten sechs Monaten nach Arbeitsaufnahme gewährt werden, wenn für diese Übergangszeit eine getrennte Haushaltsführung notwendig ist. Allerdings wird erwartet, dass Sie als Arbeitnehmer eine längere räumliche Trennung so schnell wie möglich durch den Umzug der Familie an den Arbeitsort oder dessen nähere Umgebung beenden. Mit dieser Leistung soll die mit der auswärtigen Arbeitsaufnahme verbundene wirtschaftliche Schlechterstellung ausgeglichen und die dauerhafte Eingliederung sichergestellt werden.

Gibt es eine Trennungskostenbeihilfe auch für Alleinstehende? Stellen Sie sich vor, Sie sind aufgrund von Kündigungsfristen beispielsweise noch an Ihren alten Wohnort gebunden und außerdem ist überhaupt nicht sicher, dass Sie die Beschäftigung auch nach der Probezeit fortsetzen können: Unter solchen oder ähnlichen Voraussetzungen kann auch Alleinstehenden eine Trennungskostenbeihilfe gewährt werden.

Schließlich soll die Leistung gerade die Schlechterstellung durch die Arbeitsaufnahme verhindern.

Was können Sie tun, wenn Sie aufgrund der unterschiedlichen Zahlungsweise verschiedener Träger finanziell „in der Luft" hängen? Ein typischer Fall: Das Jobcenter zahlt Leistungen zur Sicherung des Lebensunterhalts nach dem SGB II (Hartz IV) jeweils zum Anfang eines Monats. Sie erhalten also eine Zahlung beispielsweise Anfang April eben für diesen Monat. Ab Mai nehmen Sie eine Beschäftigung auf. Damit entfallen die Voraussetzungen für die Gewährung von Leistungen, das heißt, Sie erhalten Anfang Mai keine Zahlung mehr. Nun erfolgen aber Lohnzahlungen normalerweise erst zum Ende eines Monats. Sie haben also Anfang April letztmalig Leistungen des Jobcenters erhalten und müssen bis Ende Mai bis zu Ihrer ersten Lohnzahlung „durchhalten". Mit einer Übergangsbeihilfe haben Sie die Möglichkeit, Ihren Lebensunterhalt bis zur ersten Lohnzahlung zu sichern. Sie kann als zinsloses Darlehen in Höhe von bis zu 1.000 Euro erbracht werden und ist in der Regel in zehn gleich hohen Raten zurückzuzahlen.

Im Recht der Rehabilitation ist Übergangsgeld ebenfalls ein Unterhaltsersatz und wird für die Dauer einer Leistung zur Teilhabe am Arbeitsleben gewährt. Die Höhe richtet sich einerseits nach Ihren letzten Einkünften bzw. den letzten Beitragszahlungen zur gesetzlichen Rentenversicherung, andererseits nach einem fiktiven Arbeitsentgelt. Für das fiktive Arbeitsentgelt wird das Einkommen eines altersmäßig und beruflich vergleichbaren nicht behinderten Menschen herangezogen.

Das Übergangsgeld kann Ihnen auch zwischen zwei zusammenhängenden berufsfördernden Leistungen, oder einer medizinischen und einer sich anschließenden beruflichen Rehabilitationsmaßnahme gezahlt werden. Während des Bezugs von Übergangsgeld ist der Rehabilitand sozial- und unfallversichert. Die Beiträge zahlt der Rentenversicherungsträger.

Unter welchen Voraussetzungen werden Ihnen Wohnungshilfen gewährt? Nicht alle Wohnungen sind für behinderte Menschen geeignet und liegen in der Nähe ihrer Arbeitsstelle. Es kann auch sein, dass sich eine Behinderung verschlechtert oder eine neue hinzukommt. Dann kommt die behinderte Person nicht mehr in ihrer Wohnung zurecht. Vielleicht muss die Wohnung dann umgebaut werden. So können zum Beispiel elektrische Türöffner oder breitere Türen notwendig sein, damit ein Rollstuhlfahrer ohne fremde Hilfe die Wohnung verlassen und zum Arbeitsplatz kommen kann.

Das gleiche gilt für schwerbehinderte Menschen, die in ihrer Wohnung von Anfang an nicht zurechtgekommen sind. Sie können daher als schwerbehinderter Mensch Wohnungshilfen bekommen. Dafür müssen Sie einen Arbeitsplatz auf dem allgemeinen Arbeitsmarkt haben. Die rechtlichen Grundlagen für diese Leistung finden Sie in §102 SGB IX und § 22 SchwbAV.

Wohnungshilfen können für den Kauf oder Umbau einer Wohnung bzw. eines Hauses gewährt werden. Dabei erbringt der zuständige Rehabilitationsträger die Leistung entweder als einkommensabhängigen Zuschuss oder als Darlehen.

Achtung

Es werden nur Umbauten und Maßnahmen bezahlt, die mit der Arbeit zu tun haben.

Maßnahmen, die zur persönlichen Lebensführung gehören, eine Verbesserung der Lebensqualität bewirken oder elementaren Grundbedürfnissen entsprechen (zum Beispiel Bad, Küche oder Schlafzimmer), sind nicht förderfähig.

Für alle schwerbehinderten Arbeitnehmerinnen und Arbeitnehmer ist der jeweilige Rehabilitationsträger zuständig. Sind Sie selbstständig, Beamtin oder Beamter, wenden Sie sich für Wohnungshilfen an die Fachstelle Behinderte Menschen im Beruf bei Ihrer Stadt- oder Kreisverwaltung bzw. an das Integrationsamt.

! Wichtig

Sie müssen den Antrag vor der Beschaffung oder Ausstattung des Wohnraums stellen und die Genehmigung abwarten. Nach Antragstellung kann gegebenenfalls ein Antrag auf vorzeitigen Beginn der Baumaßnahme gestellt werden.

Unter Umständen kommt auch die Übernahme von Umzugskosten in Betracht. Ist nämlich durch eine plötzlich aufgetretene Behinderung der Umzug in eine andere (behindertengerechte) Wohnung notwendig geworden, können diese Kosten vom Rehabilitationsträger gefördert werden. Dies ist beispielsweise der Fall, wenn die Mobilität durch eine Körperbehinderung oder Erblindung stark beeinträchtigt ist. Aber auch der Wechsel des Arbeitsplatzes kann einen Umzug erforderlich machen, denn die Entfernung einer Wohnung zum Arbeitsplatz bzw. dessen Erreichbarkeit ist für die Teilhabe von behinderten Menschen am Arbeitsleben von großer Bedeutung. Ein Anspruch auf Übernahme der Umzugskosten besteht, wenn der Arbeitsplatz von der bisherigen Wohnung aus nur unter unzumutbaren

Erschwernissen erreicht werden kann. Dies gilt für die Benutzung öffentlicher Verkehrsmittel genauso wie für die Verwendung des eigenen Autos.

Das bedeutet, wenn Sie von vornherein nicht behinderungsgerecht wohnen, ist der Umzug behinderungsbedingt notwendig. In diesem Fall werden die Kosten des Umzugs in der Regel ohne Anrechnung von Einkommen übernommen. Verringert sich hingegen durch den Umzug lediglich die Fahrzeit zum Arbeitsplatz, so wird ein Teil Ihres Einkommens auf die Leistung angerechnet.

Berufliche Anpassung, Weiterbildung und berufliche Ausbildung

Mit einer beruflichen Anpassung wird Ihnen die Möglichkeit geboten, die früher erlernten Berufskenntnisse durch Lehrgänge aufzufrischen oder zu vervollständigen, wenn Sie wegen der eingetretenen Folgen eines Versicherungsfalls Ihre zuletzt verrichtete Tätigkeit nicht mehr ausüben können.

Stellen Sie sich dazu einmal das folgende Szenario vor: Sie haben aufgrund eines besseren Verdienstes in einem anderen als Ihrem erlernten Beruf gearbeitet. Aufgrund eines Unfalls und dessen gesundheitlicher Folgen können Sie dieser Tätigkeit nicht mehr nachgehen und möchten in den ursprünglich erlernten Beruf zurückkehren. Durch Lehrgänge kann das erforderliche Fachwissen aufgefrischt und vervollständigt werden, damit Sie im alten Beruf wieder Fuß fassen können.

Bei diesen Leistungen handelt es sich um Leistungen zur beruflichen Qualifizierung mit dem Ziel, Kenntnisse, Fähigkeiten und Fertigkeiten zu vermitteln, um Ihnen eine behindertengerechte Tätigkeit zu ermöglichen.

Zu den Maßnahmen gehören auch das Nachholen eines gegebenenfalls erforderlichen Schulabschlusses und/oder dessen Vorbereitung.

Müssen Sie sich beruflich vollständig neu orientieren, kommt eine Umschulung für Sie in Betracht. Einen anerkannten Ausbildungsberuf erlernen Sie in der Regel in zwei Jahren in einem Betrieb, einer Weiterbildungseinrichtung oder einem Berufsförderungswerk.

Gründungszuschuss

Der Gründungszuschuss ist eine Ermessensleistung der aktiven Arbeitsförderung, auf die kein Rechtsanspruch besteht. Hat Ihre berufliche Rehabilitation also das Ziel, eine behindertengerechte selbstständige Existenz zu gründen, kann in den ersten neun Monaten der Tätigkeit ein Gründungszuschuss gezahlt werden, der Ihrer wirtschaftlichen und sozialen Sicherung dienen soll.

Der Gründungszuschuss ist wie alle Rehabilitationsleistungen an bestimmte Voraussetzungen gebunden. So kann er nur geleistet werden, wenn Sie als Arbeitnehmer oder Arbeitnehmerin bis zur Aufnahme der selbstständigen Tätigkeit einen Anspruch auf Arbeitslosengeld von mindestens 150 Tagen haben. Diese 150 Tage dürfen allerdings gemäß § 147 Abs. 3 SGB III nicht allein darauf beruhen, dass Sie nur eine kurze Anwartschaftszeit durch Ihre vorangegangene Erwerbstätigkeit erworben haben. Es soll sich also um einen Rest-Arbeitslosengeldanspruch handeln.

Ebenfalls relevant ist, dass der zeitliche Umfang der selbstständigen Tätigkeit tatsächlich zur Beendigung der Arbeitslosigkeit führt. Die Tätigkeit soll daher mindestens 15 Stunden wöchentlich betragen.

Außerdem müssen Sie die notwendigen Kenntnisse und Fähigkeiten zur Ausübung der selbstständigen Tätigkeit darlegen. Bestehen Zweifel an der Eignung kann die Teilnahme an einer Maßnahme zur Eignungsfeststellung oder zur Vorbereitung der Existenzgründung erfolgen.

Bei der letzten, sehr wichtigen Voraussetzung handelt es sich um den Nachweis über die Tragfähigkeit Ihrer Existenzgründung. Hierzu sollten Sie die Stellungnahme einer fachkundigen Stelle vorlegen. Fachkundige Stellen sind insbesondere Industrie- und Handelskammern, Handwerkskammern, berufsständische Kammern, Fachverbände und Kreditinstitute. Sie sind bei der Wahl der fachkundigen Stelle grundsätzlich frei.

Die im Folgenden aufgezählten Unterlagen sollten Sie für die Stellungnahme bereithalten:

- Kurzbeschreibung des Existenzgründungsvorhabens,
- Lebenslauf,
- Kapitalbedarfs- und Finanzierungsplan,
- Umsatz- und Rentabilitätsvorschau.

Voraussetzungen für einen Gründungszuschuss im Überblick:

- Sie haben einen Restanspruch auf Arbeitslosengeld von wenigstens 150 Tagen.
- Ihre selbstständige Tätigkeit wird mindestens 15 Stunden wöchentlich umfassen.
- Die Eignung für die Ausübung der Tätigkeit ist fest- bzw. sichergestellt.
- Sie können die Tragfähigkeit Ihrer Existenzgründung nachweisen.

Wie lange und in welcher Höhe erhalte ich den Gründungszuschuss? Der Gründungszuschuss wird in zwei Phasen geleistet. In den ersten sechs Monaten werden Ihnen der Zuschuss in Höhe des zuletzt bezogenen Arbeitslosengeldes plus 300 Euro zur sozialen Absicherung gewährt. Nach dieser ersten Förderung können Ihnen für weitere neun Monate 300 Euro monatlich zur sozialen Absicherung gewährt werden. Dies gilt jedoch nur dann, wenn Sie dem Träger die intensive Geschäftstätigkeit und hauptberufliche unternehmerische Aktivität darlegen.

Bisher gibt es leider keine Richtlinien dafür, wie diese Voraussetzung für die Weitergewährung genau nachgewiesen werden soll. Günstig ist es daher in der Regel, wenn Sie eine betriebswirtschaftliche Auswertung (BWA), zum Beispiel Ihres Steuerberaters, über die bisher erzielten Umsätze einreichen. Darüber hinaus könnte eine Liste über das weitere zu erwartende Auftragsvolumen als Nachweis dienen. Auch könnten Sie eine Skizzierung von Werbemitteln, die allein dem Zweck des Unternehmensaufbaus dienen, vorlegen.

Wichtig

Geförderte Personen, die das für die Regelaltersrente erforderliche Lebensjahr vollendet haben, können vom Beginn des folgenden Monats an keinen Gründungszuschuss erhalten.

Um zu vermeiden, dass Sie sich beispielsweise nach einer gescheiterten Existenzgründung sofort in eine neue stürzen, hat der Gesetzgeber eine Sperrfrist von 24 Monaten für einen erneuten Gründungszuschuss vorgesehen. Wurde bei Ihnen also die Aufnahme einer selbstständigen Tätigkeit gefördert, ist eine erneute

Förderung nicht mehr möglich, wenn nicht seit dem Ende dieser Förderung mindestens 24 Monate vergangen sind.

Wer viel fragt, erhält viele Antworten! Ob überhaupt die Voraussetzungen für eine Förderung durch eins der zahlreichen Bundes- und Länderprogramme vorliegen, muss in einem Beratungsgespräch geklärt werden. Wichtig ist, dass öffentliche Fördermittel immer vor der Existenzgründung beantragt werden müssen. Gehen Sie vor Entscheidungen über einen Förderungsantrag keine Verpflichtungen gegenüber Dritten ein!

Besteht mein Anspruch auf Arbeitslosengeld fort? Die Zeit, während der ein Gründungszuschuss gewährt wird, wird auf Ihren Arbeitslosengeldanspruch angerechnet. Das bedeutet, dass jeder Tag, für den Sie die Förderung erhalten, von Ihrem Restanspruch auf Arbeitslosengeld abgezogen wird. Allerdings haben Sie die Möglichkeit, ein Versicherungspflichtverhältnis in der Arbeitslosenversicherung zu begründen. Den hierfür erforderlichen Antrag sollten Sie aber unbedingt innerhalb von drei Monaten nach Aufnahme Ihrer selbstständigen Tätigkeit bei der Agentur für Arbeit stellen, da anderenfalls erst ab dem Zeitpunkt der Antragsabgabe der Versicherungsschutz eintreten kann. In der Startphase Ihres Unternehmens zahlen Sie nur den halben Beitrag.

Muss ich mich gesetzlich rentenversichern? Als Bezieher eines Gründungszuschusses unterliegen Sie nicht automatisch der Rentenversicherungspflicht. Tatsächlich hängt die Pflicht zur Rentenversicherung von der Art Ihrer selbstständigen Tätigkeit ab. So können beispielsweise Lehrer und Erzieher sowie Selbstständige mit nur einem Auftraggeber, aber auch Hebammen und Künstler und Publizisten nach näherer Bestimmung des Künstlersozialversicherungsgesetzes der Rentenversicherungspflicht unterliegen. In diesem Fall müssen Sie sich bei Ihrem Rentenversicherungsträger melden.

! Wichtig

Um zu erfahren, ob Sie einer möglichen Rentenversicherungspflicht unterliegen oder ob Sie andere Möglichkeiten der Absicherung in Anspruch nehmen können, sollten Sie sich mit Ihrem Rentenversicherungsträger in Verbindung setzen.

Sonstige Hilfen zur Förderung der Teilhabe am Arbeitsleben

Gibt es auch Zuschüsse für den Arbeitgeber? Um einen Arbeitgeber davon zu überzeugen, Sie trotz eines Handicaps einzustellen, müssen Sie sich gedanklich in seine Lage versetzen. Ein wichtiger Punkt ist dabei, dass Sie ihm die – nicht nur finanziellen – Vorteile aufzeigen können, die er gerade durch Ihre Anstellung erlangen kann. Insbesondere sind dabei Lohnkostenzuschüsse, aber auch Zuschüsse zu baulichen Veränderungen zu nennen. Wenn beispielsweise für einen Mitarbeiter im Rollstuhl eine Behindertentoilette oder ein Treppenlift gefördert wird, so kann dieses auch zu einer Erweiterung des Kundenstamms führen, da nunmehr auch mobilitätseingeschränkte Menschen das Geschäft besuchen können.

Um zu erreichen, dass ein Aus- oder Weiterbildungsverhältnis dauerhaft gesichert wird, kann der Arbeitgeber Leistungen zur Unterstützung der Beschäftigungsbereitschaft in Anspruch nehmen. Dies gilt auch, wenn der Arbeitnehmer innerhalb des Betriebs auf einen behinderungsgerechten Arbeitsplatz umgesetzt wird oder vom Arbeitgeber dauerhaft eingestellt wird.

Die Gewährung eines Zuschusses kann von Auflagen und Bedingungen abhängig gemacht werden. Zuschüsse an den Arbeitgeber gibt es zum Beispiel auch in Form von Eingliederungszuschüssen zu den Lohnkosten. Diese Möglichkeiten schauen wir uns im Folgenden einmal näher an.

Werden Investitionskosten des Arbeitgebers übernommen? Der Arbeitgeber ist verpflichtet, den Arbeitsplatz für einen schwerbehinderten oder gleichgestellten Mitarbeiter behinderungsgerecht zu gestalten. Soweit es ihm finanziell und organisatorisch zuzumuten ist, trägt er Sorge dafür, dass die erforderlichen technischen Arbeitshilfen vorhanden sind. Klären Sie Ihren potenziellen Arbeitgeber darüber auf, dass ihn finanzielle Leistungen der Agentur für Arbeit, des Integrationsamts oder anderer Träger unterstützen, wenn der Aufwand bei der Gestaltung des behinderungsgerechten Arbeitsplatzes höher als üblich ist. Es werden alle Arbeitsmittel gefördert, die für die behinderungsgerechte Gestaltung des Arbeitsplatzes notwendig sind (zum Beispiel Computersysteme für blinde und sehbehinderte Menschen). Auch Kosten für die Gestaltung eines barrierefreien Zugangs der Arbeitsumgebung (Einbau einer Behindertentoilette) können übernommen werden. Außerdem förderfähig sind Wartungen und Instandsetzungsarbeiten ebenso wie die Anpassung der Arbeitsmittel an den neuen Stand der Technik. Muss der Gebrauch des technischen Hilfsmittels geschult werden, wird die hierzu notwendige Ausbildung gefördert.

Grundsätzlich steht bei dieser Art der Förderung die Eingliederung in eine dauerhafte behinderungsgerechte Beschäftigung im Fokus. Daher kommen abhängig von den persönlichen und versicherungsrechtlichen Voraussetzungen des schwerbehinderten Mitarbeiters verschiedene Kostenträger in Frage.

Wichtig

Sowohl bei den Agenturen für Arbeit als auch bei den Integrationsämtern unterstützt Sie der jeweilige Technische Beratungsdienst bei der Arbeitsplatzgestaltung und bei der Beantragung der Fördermittel.

Weisen Sie Ihren potenziellen Arbeitgeber auch auf die Möglichkeit einer Probebeschäftigung hin. Die Personalkosten für eine befristete Probebeschäftigung können bis zu drei Monate von der Agentur für Arbeit oder vom Rehabilitationsträger übernommen werden.

Oder machen Sie Ihrem möglichen Arbeitgeber den Vorschlag, dass Sie mit einem Praktikum beginnen. So fallen für ihn keine Kosten an, da die zuständigen Rehabilitationsträger die Kosten übernehmen.

Erhält ein Arbeitgeber einen Eingliederungszuschuss?
Für die Beschäftigung eines schwerbehinderten Menschen kann Ihr potenzieller Arbeitgeber einen Eingliederungszuschuss in Höhe von bis zu 70 Prozent des Arbeitsentgelts erhalten. Diese Leistung soll dem Ausgleich einer eingeschränkten Arbeitsleistung (sogenannte Minderleistung) dienen. Bei dem Eingliederungszuschuss handelt es sich um eine Ermessensleistung der aktiven Arbeitsförderung, über die die örtlichen Agenturen für Arbeit bzw. Jobcenter nach pflichtgemä-

ßem Ermessen entscheiden. Der Zuschuss wird auf die regelmäßig gezahlten Löhne und die pauschalierten Anteile an den Sozialversicherungsbeiträgen gewährt. Unberücksichtigt bleiben dabei etwaige einmalige Arbeitsentgelte. Die Förderhöhe und die Förderdauer sind abhängig von dem Umfang der Einschränkung der Arbeitsleistung und von den Anforderungen des jeweiligen Arbeitsplatzes.

Achtung

Nach der Förderung muss Sie der Arbeitgeber zwölf Monate weiterbeschäftigen (Nachbeschäftigungszeit), sonst kann die Förderung zurückgefordert werden. Etwas anderes gilt, wenn der Arbeitsvertrag ohne Verschulden des Arbeitgebers endet, zum Beispiel durch Kündigung des Arbeitnehmers selbst.

Werden Reisekosten erstattet? Reise- und Fahrtkosten für die Wege zwischen Ihrem Wohnort und der Reha-Einrichtung, die Ihnen entstehen, während Sie eine berufliche Rehabilitation in Anspruch nehmen, übernimmt Ihr Kostenträger. Unerheblich ist, ob es sich um eine stationär oder ambulant durchgeführte berufliche Rehabilitation handelt. Zu den Reisekosten gehören die erforderlichen Fahrt-, Verpflegungs- und Übernachtungskosten sowie Kosten des Gepäcktransports. Sind Sie auf eine Begleitperson angewiesen oder reisen Sie mit Kindern, werden auch deren Kosten auf Antrag erstattet.

Welche sonstigen Hilfen gibt es? Zu den sonstigen Hilfen, die mit den Leistungen zur Teilhabe am Arbeitsleben in unmittelbarem Zusammenhang stehen, zählen im Übrigen auch Lehrgangskosten, Prüfungsgebühren, Lernmittel, Arbeitskleidung, Arbeitsgeräte oder Kosten für Unterkunft und Verpflegung.

Bitte beachten Sie auch die umfassenden medizinischen, psychologischen und pädagogischen Hilfen (Seite 52 f.), die Sie im Zuge einer beruflichen Rehabilitation in Anspruch nehmen können.

Soziale Rehabilitation

Leistungen zur Teilhabe in der Gemeinschaft umfassen alle Hilfen, die Menschen mit Behinderung die Integration ins gesellschaftliche Leben ermöglichen oder erleichtern. Um diese Leistungen zu erhalten, muss der Betroffene sozialrechtlich als behindert oder von Behinderung bedroht gelten. Dazu muss eine erhebliche Beeinträchtigung vorliegen oder zu erwarten sein, die mindestens sechs Monate lang andauert.

Beispiel: *Infolge einer Beinamputation ist Herr Bäcker auf einen Rollstuhl angewiesen und kann nicht mehr selbst Auto fahren. Um trotzdem am gesellschaftlichen Leben teilnehmen zu können, kann er bei seiner Gemeinde bzw. dem Landkreis ein Budget für Taxikosten beantragen, damit er beispielsweise Museen oder Theater besuchen kann. Diese Leistung ist als Sozialhilfeleistung einkommens- und vermögensabhängig.*

Die sogenannte soziale Rehabilitation sorgt für ein Bindeglied zwischen Menschen mit und ohne Behinderung und hat die Bedürfnisse aller Beteiligten im Auge. So soll zum Beispiel Menschen mit und ohne Behinderung die Möglichkeit gegeben werden, in Kontakt zu kommen, einander kennenzulernen und gemeinsam etwas zu erleben, um gleichberechtigt miteinander umgehen zu können.

Die im Folgenden dargestellten Ansprüche fallen in erster Linie in den Zuständigkeitsbereich des Sozialhilfeträgers in der Abteilung der Eingliederungshilfe (Seite 38).

Versorgung mit anderen Hilfsmitteln oder Hilfen

Zu den Hilfsmitteln der sozialen Rehabilitation gehören Gebrauchsgegenstände des täglichen Lebens (Alltagshilfen), die geeignet sind, notwendige Verrichtungen des täglichen Lebens zu erleichtern. Hierzu zählen auch Kommunikations- und Orientierungshilfen wie beispielsweise Sprachausgabegeräte (Talker) und mobile Notrufsysteme. Insbesondere infolge eines Schlaganfalls kann das Sprachzentrum betroffen sein. Hier stellt es einen erheblichen Gewinn an Lebensqualität dar, sich wieder mit der Umwelt verständigen zu können. Wenngleich viele hilfreiche Gebrauchsgegenstände nicht in die Leistungspflicht der Krankenkassen fallen, können sie doch zur Teilhabe am gesellschaftlichen Leben vom Sozialhilfeträger beitragen; auch hier gilt jedoch wieder der Vorbehalt der Einkommens- und Vermögensprüfung.

Das Bundessozialgericht hat 2012 entschieden, dass beispielsweise ein Anspruch auf Zahlung der Anschaffung und des Einbaus eines schwenkbaren Autositzes für einen schwerbehinderten Menschen vom Sozialhilfeträger erhoben werden kann, wenn die Einkommens- und Vermögensverhältnisse eine Hilfebedürftigkeit begründen.

Ergänzend ist insbesondere auf die nicht abschließende Aufzählung hinzuweisen, die § 9 der Eingliederungshilfeverordnung bietet:

- Schreibmaschinen für Blinde, Menschen ohne Hände und solche, die wegen Art und Schwere ihrer Behinderung auf eine Schreibmaschine angewiesen sind,
- Verständigungsgeräte für Taubblinde,
- Blindenschrift-Bogenmaschinen,
- Blindenuhren mit Zubehör, Blindenweckuhren,
- Tonbandgeräte mit Zubehör für Blinde,
- Blindenführhunde mit Zubehör,
- besondere optische Hilfsmittel, vor allem Fernrohrlupenbrillen,
- Hörgeräte, Hörtrainer,
- Weckuhren für hörbehinderte Menschen,
- Sprachübungsgeräte für sprachbehinderte Menschen,
- besondere Bedienungseinrichtungen und Zusatzgeräte für Kraftfahrzeuge, wenn der behinderte Mensch wegen Art und Schwere seiner Behinderung auf ein Kraftfahrzeug angewiesen ist,
- Gebrauchsgegenstände des täglichen Lebens und zur nicht beruflichen Verwendung bestimmte Hilfsgeräte für behinderte Menschen, wenn der behinderte Mensch wegen Art und Schwere seiner Behinderung auf diese Gegenstände angewiesen ist.

Heilpädagogische Leistungen für Kinder, die noch nicht eingeschult sind

In Verbindung mit Leistungen zur Früherkennung und Frühförderung (Seite 47 ff.) sowie schulvorbereitenden Maßnahmen der Schulträger werden als Teil der sozialen Rehabilitation heilpädagogische Leistungen als Komplexleistung erbracht. Hierbei handelt es sich um eine familienorientierte Förderung für Familien, in denen Kinder mit erheblichen Entwicklungsbeeinträchtigungen leben, die auf eine Behinderung oder die Bedrohung durch eine Behinderung hinweisen.

Besonders hervorzuheben ist hier, dass die heilpädagogischen Leistungen in wechselseitiger Abstimmung mit den Leistungen der Früherkennung und Frühförderung zu erbringen sind, die typischerweise in den Bereich der gesetzlichen Krankenversicherung fallen.

Welchen Sinn hat die heilpädagogische Frühförderung? Eine heilpädagogische Frühförderung hat die Funktion, eine Behinderung oder die Bedrohung durch eine Behinderung zu verhüten, zu mildern oder zu beseitigen. Die heilpädagogische Förderung verfolgt zwei Ziele: 1. die Familien, in denen entwicklungsbeeinträchtigte Kinder leben, zu stärken und ihnen zu ermöglichen, die Entwicklung der Kinder aktiv zu begleiten und zu unterstützen, und 2. die Kinder zu fördern.

Was bedeutet interdisziplinäre Frühförderung? Eine interdisziplinäre Frühförderstelle ist eine offene Anlaufstelle für Eltern, bei deren Kind Sorge um die weitere Entwicklung besteht. Die Leistungen der Förderung umfassen die Beratung der Eltern, Diagnostik und die ganzheitliche medizinisch-therapeutische, psychologische sowie heil- und sozialpädagogische Förderung und Therapie von Kindern im Alter von null bis ca. drei Jahren unter Einbeziehung der Eltern.

Welche Alternativen zur komplexen Frühförderung gibt es? Benötigt das Kind ausschließlich heilpädagogische Fördermaßnahmen, kommen isolierte heilpädagogische Leistungen eines niedergelassenen Therapeuten in Betracht, das heißt, auch eine ambulante wöchentliche Förderung ist eine mögliche Rehabilitationsleistung für Kinder.

Was ist eine integrative Kindertageseinrichtung? In einer integrativen Kinderkrippe, einem integrativen Kindergarten oder einem integrativen Kinderhort werden

Kinder mit (drohender) Behinderung, deren Hilfebedarf es zulässt, gemeinsam mit Kindern ohne Behinderung während eines Teils des Tages betreut und gefördert.

Was ist eine heilpädagogische Tagesstätte? In einer heilpädagogischen Tagesstätte werden ausschließlich Kinder mit (drohender) Behinderung in kleinen Gruppen von etwa acht Kindern während eines Teils des Tages betreut und gefördert. Zur individuellen heilpädagogischen oder psychologisch therapeutischen Förderung erhält jedes Kind pro Woche zwei Fachdienststunden. Kosten sind bei den aufgeführten heilpädagogischen Leistungen ausschließlich für etwaige Verpflegungen zu tragen.

Hilfen für ältere Kinder

Gibt es für Minderjährige Wohnungshilfen? Behinderte Menschen haben abhängig von der Art der Behinderung mehr oder weniger großen Bedarf an einer speziell ausgerüsteten Wohnung. Durch die sogenannte Wohnungshilfe sollen alle behinderungsbedingten Nachteile im Zusammenhang mit dem Wohnbedarf so weit wie möglich ausgeglichen oder gemildert werden. Als behindertem Mensch soll Ihnen damit ein selbstbestimmtes Leben im häuslichen Bereich ermöglicht werden. Bei der Frage, was unter „besonderen Bedürfnissen der behinderten Menschen“ zu verstehen ist, sollen die Träger einen großzügigen Maßstab anlegen. So hat zum Beispiel das Bundessozialgericht entschieden, dass der Einbau eines Fahrstuhls als Hilfe beim Umbau bzw. der Ausstattung der Wohnung zu den Leistungen der Eingliederungshilfe des Sozialhilfeträgers zählt, wenn die Einkommens- und Vermögensverhältnisse der Eltern zu einer Hilfebedürftigkeit im konkreten Fall führen. Mit dem Einbau eines Fahrstuhls in das elterliche Wohnhaus könne ein Ziel der Eingliederungshilfe erreicht werden, nämlich den minderjährigen Kläger in die Gesellschaft einzugliedern, ihm insbesondere die Teilhabe am Leben in der Gemeinschaft erst zu ermöglichen. Ob die konkrete Leistung notwendig ist, sei im Einzelfall daran zu messen, ob bereits verfügbare Möglichkeiten der Selbsthilfe (Umzug der Familie in das Erdgeschoss) oder kostengünstigere Lösungen (etwa Treppenlifter) vorrangig seien.

Benötigen Sie für Ihr Kind also infolge eines Unfalls oder einer eingetretenen Behinderung oder Erkrankung spezielle Umbauten in Ihrer Wohnung, können Sie die (gegebenenfalls anteilige) Übernahme der Kosten bei Ihrem zuständigen Sozialhilfeträger beantragen. Dieser wird eine Prüfung der Einkommens- und Vermögensverhältnisse vornehmen.

Hinzuweisen ist hier aber nochmals auf die weiter oben beschriebenen Ansprüche auf eine behindertengerechte Wohnung, wenn diese im Zusammenhang mit der Aufnahme einer Ausbildung oder Arbeit oder dem Erhalt einer Arbeit Ihres Kindes verbunden ist. Hier kommen die Agentur für Arbeit und die Rentenversicherung als Kostenträger in Betracht. Es gelten weniger strenge Maßstäbe hinsichtlich Einkommen und Vermögen.

Hilfen zur Teilhabe am gemeinschaftlichen und kulturellen Leben

Die Hilfen zur Teilhabe am gemeinschaftlichen und kulturellen Leben umfassen sowohl den Kontakt mit Menschen der näheren Umgebung wie Familie und Nachbarn als auch den Kontakt zur Gesellschaft im Allgemeinen. Hierunter können Sie sich beispielsweise die Bezuschussung oder Übernahme von Kosten für Mitgliedsbeiträge in Vereinen oder für Theaterbesuche vorstellen. Zwar ergibt sich aus dem Gesetz keine Begrenzung der möglichen Inhalte dieses Anspruchs. Allerdings sind diese Ansprüche begrenzt auf den Umfang, in dem auch nichtbehinderte Menschen durchschnittlich an solchen Veranstaltungen teilnehmen.

Ferner kann die Bereitstellung von Hilfsmitteln, die der Unterrichtung über das Zeitgeschehen oder über kulturelle Ereignisse dienen (Computer, Fernseher etc.), in diesen Anspruchsbereich fallen, wenn Ihnen wegen Art oder Schwere Ihrer Behinderung anders eine Teilhabe am Leben in der Gemeinschaft nicht oder nur unzureichend möglich ist.

Finanzielle Unterstützung für Leistungsempfänger

Reisekosten

Reisekosten sind erforderliche Fahrkosten, Transportkosten, Unterkunft- und Verpflegungskosten sowie unter Umständen Kosten für die Mitnahme von Kindern, wenn diese Kosten im Zusammenhang mit der medizinischen Rehabilitation oder einer Leistung zur Teilhabe am Arbeitsleben entstehen. Sie können, abhängig von den individuellen Voraussetzungen, von verschiedenen Rehabilitationsträgern übernommen werden. Ist es aufgrund Ihrer Behinderung oder Krankheit erforderlich, dass Sie mit einer Begleitperson reisen, so gehören auch deren Ausfallkosten (zum Beispiel Fahrkosten und Verdienstausfall) zu den Reisekosten. Sie müssen die Notwendigkeit aber entweder durch Vorlage Ihres Schwerbehindertenausweises oder durch eine ärztliche Bescheinigung nachweisen. Wenn Sie ein noch nicht 15-jähriges Kind zu einer Kinderheilbehandlung begleiten, sind Ihre Ausfallkosten ebenfalls erstattungsfähig.

Dauert die Reha-Maßnahme länger als acht Wochen, gehören sogar Familienheimfahrten bzw. Besuchsfahrten eines Angehörigen zu den Reisekosten.

Bei der Benutzung von öffentlichen Verkehrsmitteln wird grundsätzlich der Betrag zugrunde gelegt, der für die niedrigste Klasse der zweckmäßigsten öffentlichen Verkehrsmittel zu zahlen ist. Bei der Benutzung eines Bahntickets werden die Kosten in Höhe des Bahntarifs der 2. Klasse einschließlich der Zuschläge für Schnellzüge (IC/EC und ICE) und eine eventuell zu entrichtende Servicegebühr übernommen. Sie sind jedoch generell dazu angehalten, mögliche Fahrpreisvergünstigungen in Anspruch zu nehmen.

Ist behinderungsbedingt die Benutzung eines regelmäßig verkehrenden Beförderungsmittels oder eines Kraftfahrzeugs nicht möglich oder nicht zumutbar, so können Ihnen auch Kosten für die Inanspruchnahme eines besonderen angemessenen Beförderungsmittels (zum Beispiel Mietwagen oder Krankentransportfahrzeug) erstattet werden. Dieses kommt zum Beispiel in Betracht, wenn Sie sich nicht aus dem Rollstuhl auf einen Autositz umsetzen können und daher ein spezielles Fahrzeug zur Beförderung benötigen. Die Frage der Angemessenheit richtet sich nach den Umständen des Einzelfalls und ist gegebenenfalls durch eine ärztliche Bescheinigung nachzuweisen.

Die Höhe der zu übernehmenden Kosten für eine Fahrt mit einem Kraftfahrzeug richtet sich nach dem Bundesreisekostengesetz (BRKG). Hiernach wird jeder mit dem Pkw gefahrene Kilometer mit 0,20 Euro entschädigt, in der Regel bis 130 Euro für die gesamte Wegstrecke. In Ausnahmen kann sogar ein Betrag bis zu 150 Euro festgesetzt werden.

In den Fällen, in denen die Benutzung eines Kraftfahrzeugs behinderungsbedingt notwendig ist, insbesondere wenn im Schwerbehindertenausweis das Merkzeichen „aG“ steht, wird jeder mit dem Pkw gefahrene Kilometer mit 0,30 Euro entschädigt und es entfällt die Deckelung.

Kosten für Pendelfahrten mit dem Auto bei Leistungen zur Teilhabe am Arbeitsleben können nur bis zur Höhe des Betrags übernommen werden, der bei zumutbarer auswärtiger Unterbringung für Unterkunft und Verpflegung zu leisten wäre. Hierbei gilt ein Höchstbetrag in Höhe von 269 Euro als monatlicher Höchstbetrag. Kosten für die Fahrt mit dem Taxi werden grundsätzlich nicht übernommen.

Sogar für die mit einem Fahrrad zurückgelegten Wegstrecken werden Fahrkosten erstattet. Die Erstattung erfolgt nach dem Bundesreisekostengesetz, nach welchem als Wegstreckenentschädigung ein Betrag in Höhe von 5 Euro gewährt wird, wenn Sie mindestens vier Mal innerhalb eines Monats ein Fahrrad für den Weg benutzen. Gehen Sie zu Fuß, entstehen keine Kosten. Daher kommt hierfür auch keine Erstattung infrage.

Bei einer unvermeidbaren Reisedauer von mindestens acht Stunden wird Verpflegungsgeld gezahlt. Die Berechnung der Reisedauer richtet sich nach der Abreise und der Ankunft. Das pauschalierte Verpflegungsgeld beträgt in Anlehnung an das Bundesreisekostengesetz (BRKG) bei einem Aufenthalt außerhalb des Wohnorts

- von 8 bis 14 Stunden 6 Euro,
- von 14 bis 24 Stunden 12 Euro,
- von mehr als 24 Stunden 24 Euro.

Maßgebend ist die Abwesenheit an einem Kalendertag.

Wichtig

Sie sollten sich vor Antritt der Rehabilitationsmaßnahme mit dem zuständigen Kostenträger in Verbindung setzen, da jeder Träger die Erstattung von Reisekosten unterschiedlich handhabt.

Haushalts- oder Betriebshilfe und Kinderbetreuungskosten

Lebt in Ihrem Haushalt ein noch nicht 12 Jahres altes oder behindertes Kind, mag es Ihnen schwierig erscheinen, die Teilnahme an einer Rehabilitationsmaßnahme zu realisieren. Schließlich ist Ihr Kind noch nicht in der Lage, sich selbst zu versorgen. Damit Sie trotzdem die notwendige Maßnahme durchführen können, kann der für Sie zuständige Träger die Kosten für eine sogenannte Haushaltshilfe übernehmen.

Eine Haushaltshilfe (für Landwirte eine Betriebshilfe) beaufsichtigt und versorgt Ihr Kind in seiner gewohnten Umgebung.

! Wichtig

Sie sollten die Haushaltshilfe rechtzeitig, also am besten vor Beginn der Rehabilitation beantragen. Hierfür stellen Sie am besten schriftlich (telefonisch reicht nötigenfalls auch) einen Antrag auf Haushaltshilfe bei dem zuständigen Rehaträger. Sprechen Sie den verordnenden Arzt an, ob der Träger den Antrag auf einem speziellen Formular wünscht, das Ihrem Arzt vorliegt.

Welche Voraussetzungen müssen erfüllt sein? Zu Beginn der Haushaltshilfe muss das Kind, das auf Ihre Hilfe angewiesen ist, unter 12 Jahre alt oder behindert sein, in Ihrem Haushalt leben und weder Sie noch eine andere Person, die im Haushalt lebt, können Ihren Haushalt während der Rehabilitation weiterführen. Ist Ihr Kind bereits älter als 12 Jahre, können gegebenenfalls die unvermeidbaren Kosten für dessen Betreuung bezuschusst werden. Manche Kassen bieten als sogenannte Satzungsleistungen mehr, als sie gesetzlich müssen (zum Beispiel für Kinder bis zum 14. Lebensjahr). Erfragen Sie solche Leistungen bei Ihrer Kasse!

Nach einem Grundsatzurteil des Bundessozialgerichts aus dem Jahr 1995 besteht sogar ein Anspruch auf eine Haushaltshilfe, wenn die haushaltführende Person als Begleitperson im Krankenhaus aufgenommen wird.

[ ] Tipp

Sollte Ihr Antrag auf Haushaltshilfe abgelehnt werden, bleibt Ihnen immer noch die Möglichkeit, beim Jugendamt einen Antrag auf ambulante Familienpflege zu stellen. Wegen der Voraussetzungen fragen Sie einfach direkt dort nach.

Die Bewilligung der Haushaltshilfe erfolgt in der Regel als Sachleistung. Das bedeutet, dass der Rehabilitationsträger die Haushaltskraft einer Vertragsorganisation (beispielsweise eines ambulanten Pflegedienstes) bezahlt. Sie können aber auch selbst eine Haushaltshilfe organisieren. In diesem Fall erfolgt jedoch eine Erstattung in der Regel nur in angemessener Höhe, das heißt in Anlehnung an tarifliche oder übliche Entgelte für eine Haushaltshilfe. Sprechen Sie diesbezüglich unbedingt vorher mit dem zuständigen Leistungsträger.

Es steht Ihnen darüber hinaus selbstverständlich frei, gegebenenfalls Verwandte oder Verschwägerte bis zum zweiten Verwandtschaftsgrad (wie Eltern, Geschwister oder Großeltern) mit der Hilfe im Haushalt zu beauftragen. Für diese werden aber nur Fahrtkosten und Verdienstausfall übernommen.

Kurzfristiges Erwerbsersatzeinkommen

Damit Sie das gesteckte Rehabilitationsziel erreichen können, ist es – neben einer qualifizierten Behandlung – auch erforderlich, dass Sie sich während der Rehabilitation keine Sorgen über Ihr finanzielles Auskommen machen müssen. Aus diesem Grunde sollten Sie sich frühzeitig darüber informieren, welche Lohnersatzleistungen Ihnen während und gegebenenfalls nach Abschluss der Rehabilitationsmaßnahme zustehen.

Krankengeld

Krankengeld ist eine sogenannte Lohnersatzleistung. Sie erhalten es von der Krankenkasse, wenn sie länger als 6 Wochen arbeitsunfähig sind. Das Krankengeld wird individuell berechnet und ist niedriger als das Nettoeinkommen. Wichtig für die Gewährung von Krankengeld ist, dass Sie zum Zeitpunkt des Eintritts der Arbeitsunfähigkeit gesetzlich krankenversichert sind. Ihre Arbeitsunfähigkeit muss durch eine Krankheit oder eine stationäre Behandlung in einem Krankenhaus bzw. einer ähnlichen Einrichtung verursacht sein. Liegen diese Voraussetzungen vor, erhalten auch Bezieher von Arbeitslosengeld I Krankengeld.

Wie lange kann Krankengeld bezogen werden? Innerhalb von 3 Jahren gibt es höchstens 1,5 Jahre (das entspricht 78 Wochen bzw. 546 Kalendertagen) lang Krankengeld für dieselbe Krankheit bzw. deren Folgeerkrankungen. „Dieselbe Krankheit“ heißt nichts anderes, als dass es nur eine identische Krankheitsursache gibt. Es genügt, dass ein nicht ausgeheiltes Grundleiden Krankheitsschübe bewirkt.

! Achtung

Die Leistungsdauer verlängert sich nicht, wenn während der Arbeitsunfähigkeit eine andere Krankheit hinzutritt. Es bleibt bei maximal 78 Wochen. Wenn Sie beispielsweise infolge einer Krebserkrankung vom 1. Juli 2014 an krankgeschrieben sind, ist der Anspruch auf Krankengeld im Sommer 2015 ausgelaufen. Wenn die Folgen der Krebserkrankung die Wiederaufnahme der Arbeit verhindern, führt es nicht zu einem neuen Krankengeldanspruch, wenn Sie nunmehr zusätzlich durch die Folgen eines komplizierten Beinbruchs arbeitsunfähig werden. Der 3-Jahres-Zeitraum endet am 31. Dezember 2017, sodass erst 2018 ein neuer Anspruch auf Krankengeld bestehen kann.

Keinen Anspruch auf Krankengeld haben folgende Personen:

- versicherungspflichtige Personen in Einrichtungen der Jugendhilfe,
- Teilnehmer an Leistungen zur Teilhabe am Arbeitsleben sowie Personen, die an einer Berufsfindung und Arbeitserprobung teilnehmen (es sei denn, sie haben Anspruch auf Übergangsgeld),
- Studenten (bis zum 14. Fachsemester oder bis zur Vollendung des 30. Lebensjahres),
- Praktikanten,
- Familienversicherte,
- Bezieher einer vollen Erwerbsminderungs- oder einer Erwerbsunfähigkeitsrente, einer Vollrente wegen Alters, eines Ruhegehalts oder eines versicherungspflichtigen Vorruhestandsgehalts,
- Bezieher von Arbeitslosengeld II und Sozialgeld,
- Personen, die infolge der Gesundheitsreform 2007 krankenversicherungspflichtig wurden, weil sie keinen anderweitigen Anspruch auf eine Absicherung im Krankheitsfall haben (§ 5 Abs. 1 Nr. 13 SGB V).

Hauptberuflich Selbstständige, die freiwillig in einer gesetzlichen Krankenversicherung zum allgemeinen Beitragssatz von 15,5 Prozent versichert sind, haben einen Krankengeldanspruch ab der siebten Woche ihrer Arbeitsunfähigkeit. Alternativ können sie den ermäßigten Beitragssatz von 14,9 Prozent zahlen und einen Wahltarif für das Krankengeld abschließen.

Angestellte, die aufgrund von Überschreiten der Versicherungspflichtgrenze freiwillig versichert sind, erhalten wie Pflichtversicherte ab der siebten Woche Arbeitsunfähigkeit Krankengeld.

Wichtig

Für einen Anspruch auf Krankengeld ist es wichtig, auf eine lückenlose Attestierung durch den Arzt zu achten. Der Anspruch entsteht erst einen Tag nach der ärztlichen Feststellung der Arbeitsunfähigkeit. Spätestens am letzten Tag der Krankschreibung muss also beim Arzt ein neues Attest ausgestellt werden. Auch das Wochenende zählt bei der Berechnung mit. Ist das ärztliche Attest beispielsweise bis Freitag gültig, ist spätestens an diesem Tag der Arzt aufzusuchen. Ein Arztbesuch am Montag ist schon zu spät. Unter bestimmten Voraussetzungen, wie zum Beispiel einer Kündigung vom Arbeitgeber, kann der Anspruch auf Krankengeld durch eine nicht lückenlose Attestierung verloren gehen.

Wie hoch ist mein Krankengeldanspruch? Das Krankengeld beträgt 70 Prozent Ihres Bruttoarbeitsentgelts, jedoch maximal 90 Prozent Ihres Nettoarbeitsentgelts. Das Krankengeld beträgt höchstens 91,88 Euro kalendertäglich. Krankengeld ist grundsätzlich steuerfrei. Allerdings ist es bei der Steuererklärung anzugeben, da es bei der Berechnung des Steuersatzes berücksichtigt wird. Es unterliegt dem sogenannten Progressionsvorbehalt. Progressionsvorbehalt ist ein Begriff aus dem Steuerrecht. Er bezeichnet die gesetzliche Regelung, dass gewisse steuerfreie Einkünfte durch die Wirkung der Progression den für die steuerpflichtigen Einkünfte maßgeblichen Steuersatz erhöhen können und dann indirekt trotz Steuerfreiheit zu einer Erhöhung der Steuerschuld führen.

Sie haben beispielsweise eine chronische Erkrankung und in den letzten drei Jahren Ihren Krankengeldanspruch erschöpft? Dann haben Sie unter Umständen trotzdem einen erneuten Anspruch auf Krankengeld. Das kann der Fall sein, wenn Sie in den vergangenen sechs Monaten nicht arbeitsunfähig krankgeschrieben waren oder wenn eine Krankschreibung in den vergangenen sechs Monaten nicht Ihre chronische Erkrankung zur Ursache hatte und Sie sich nun erneut krankschreiben lassen.

Zeiten, in denen der Anspruch auf Krankengeld zwar theoretisch besteht, aber tatsächlich ruht oder versagt wird (dazu mehr auf den Folgeseiten), werden wie Bezugszeiten von Krankengeld angesehen.

Der Anspruch auf Krankengeld ruht,
- wenn Sie mehr als einmalig Arbeitsentgelt erhalten, insbesondere während der Entgeltfortzahlung,
- wenn Sie sich in Elternzeit befinden – das gilt nicht, wenn Ihre Arbeitsunfähigkeit vorher eingetreten ist oder Ihnen Krankengeld aufgrund einer versicherungspflichtigen Teilzeit während der Elternzeit zusteht,
- wenn Sie Versorgungskrankengeld, Übergangsgeld, Unterhaltsgeld, Kurzarbeitergeld oder Winterausfallgeld beziehen – auch bei einer Sperrzeit dieser Ansprüche,
- wenn Sie Mutterschaftsgeld oder Arbeitslosengeld beziehen,
- solange die Arbeitsunfähigkeit der Krankenkasse nicht bekannt ist.

Der Anspruch auf Krankengeld ist ausgeschlossen, wenn Sie eine sogenannte Vollrente (Altersrente, Erwerbsminderungs oder Berufsunfähigkeitsrente) beziehen – hierzu zählen auch ein Ruhegehalt für Beamte und das Vorruhestandsgeld.

Wichtig

Zahlt Ihr Arbeitgeber bei Arbeitsunfähigkeit das Entgelt nicht weiter, obwohl Sie hierauf einen Anspruch haben, gewährt die Krankenkasse bei Vorliegen der Voraussetzungen das Krankengeld, da das Krankengeld nur bei tatsächlichem Bezug des Arbeitsentgelts ruht. Der Anspruch des Arbeitnehmers gegen den Arbeitgeber auf Entgeltfortzahlung geht dabei auf die Krankenkasse über.

Verletztengeld

Sind Sie infolge eines Arbeitsunfalls oder einer Berufskrankheit arbeitsunfähig geworden, gewährt Ihnen der Träger der Unfallversicherung gemäß § 45 SGB VII nach Ablauf der Entgeltfortzahlung durch Ihren Arbeitgeber Verletztengeld. Das gilt auch für die Dauer einer medizinischen Rehabilitation.

Wie hoch ist mein Anspruch? Das Verletztengeld beträgt 80 Prozent Ihres Bruttoarbeitsentgelts, darf aber nicht höher sein als das regelmäßige Nettoarbeitsentgelt. Abgezogen davon werden noch die Beitragsanteile zur Renten- und Arbeitslosenversicherung. Auch Schülerinnen und Schüler sowie Studierende können Verletztengeld erhalten, wenn sie zu Beginn ihrer Arbeitsunfähigkeit einer bezahlten Beschäftigung nachgegangen sind.

Berufstätige Eltern erhalten sogar für eine begrenzte Zeit ein sogenanntes Kinderpflege-Verletztengeld, wenn ein ärztliches Zeugnis bestätigt, dass sie zur Beaufsichtigung, Betreuung oder Pflege ihres verletzten Kindes der Arbeit fernbleiben müssen. Das gilt auch, wenn ihr noch nicht 12-jähriges Kind nicht von einer anderen im Haushalt lebenden Person betreut werden kann.

Das Verletztengeld gleicht also ausfallendes Einkommen aus und stellt Ihren Lebensunterhalt bzw. den Ihrer Angehörigen sicher. Es ist ab dem Tag zu zahlen, an dem Ihre Arbeitsunfähigkeit ärztlich festgestellt wurde.

Wegen der vorrangigen Lohn- oder Gehaltsfortzahlung beginnt die Zahlung des Verletztengeldes in der Regel erst mit der 7. Woche der Arbeitsunfähigkeit und endet mit dem letzten Tag Ihrer Arbeitsunfähigkeit bzw. mit dem Tag, an dem Ihnen erstmalig Übergangsgeld gezahlt wird. Grundsätzlich endet die Leistung aber spätestens mit Ablauf der 78. Woche, es sei denn, Sie befinden sich noch in stationärer Behandlung.

Besondere Regelungen sieht das Gesetz (§ 47 Abs. 5 SGB VII) für Unternehmer und mitarbeitende Ehegatten vor. Bei sonstigen Personen, die zu Beginn ihrer Arbeitsunfähigkeit Arbeitseinkommen erzielt haben (zum Beispiel Selbstständige), ist bei der Berechnung von Verletztengeld der 360. Teil des im Vorjahr erzielten Arbeitseinkommens zugrundezulegen.

Übergangsgeld

Übergangsgeld ist eine Entgeltersatzleistung, die im Rahmen der Teilhabe behinderter Menschen am Arbeitsleben gewährt wird. Sie haben Anspruch auf Übergangsgeld, wenn Sie die Vorbeschäftigungszeit erfüllt haben und an Maßnahmen zur beruflichen Rehabilitation teilnehmen. Haben Sie die Vorbeschäftigungszeit nicht erfüllt, können Sie unter bestimmten Voraussetzungen trotzdem einen Anspruch auf Übergangsgeld haben. Das kann dann der Fall sein, wenn Sie innerhalb des letzten Jahres vor Beginn eine Maßnahme, die einer betrieblichen Berufsausbildung gleichgestellt ist (zum Beispiel eine schulische Ausbildung), erfolgreich abgeschlossen haben. Dieses Jahr verlängert sich gegebenenfalls um Zeiten, in denen Sie nach dem Erwerb des Prüfungszeugnisses bei der Agentur für Arbeit arbeitslos gemeldet waren.

Was bedeutet Vorbeschäftigungszeit bzw. wann ist diese erfüllt? Sie ist erfüllt, wenn Sie innerhalb der letzten drei Jahre vor Beginn einer Bildungsmaßnahme mindestens zwölf Monate in einem Versicherungspflichtverhältnis gestanden haben oder wenn Sie einen Anspruch auf Arbeitslosengeld haben und solche Leistungen beantragt haben. Unter bestimmten Voraussetzungen kann die Frist von drei Jahren erweitert werden. Dies kann beispielsweise für Berufsrückkehrer oder Personen, die im Ausland abhängig beschäftigt waren, gelten.

Wie lange wird Übergangsgeld bewilligt? Ein Anspruch auf Übergangsgeld besteht grundsätzlich nur für die Dauer der Teilnahme an einer Maßnahme bzw. während eines Praktikums und wird nachträglich ausgezahlt. Dabei wird jeder Monat mit 30 Tagen berechnet. Fallen aus anderen als gesundheitlichen Gründen Fehlzeiten an, haben Sie nur Anspruch auf Übergangsgeld, wenn ein wichtiger Grund für die Unterbrechung der Teilnahme vorliegt. Wichtige Gründe sind beispielsweise eine Eheschließung, die Geburt eines Kindes, ein Umzug oder die Wahrnehmung eines Gerichtstermins. Übergangsgeld wird auch für Ferienzeiten gezahlt, wenn diese innerhalb der Maßnahme liegen und die Agentur für Arbeit diese als Teil der Maßnahme anerkannt hat.

Versorgungskrankengeld

Das Versorgungskrankengeld ist eine Form des Erwerbsersatzeinkommens des Bundes. Die gesetzlichen Regelungen zum Krankengeld finden sich in den §§ 16 bis 16h des Bundesversorgungsgesetzes. Das Versorgungskrankengeld steht gesundheitlich geschädigten Personen der Bundeswehr und des Bundesgrenzschutzes zu. Die Schädigung muss aber auf die jeweilige dienstbezogene Verrichtung bzw. einen Unfall während der Ausübung des Dienstes zurückzuführen sein.

Neben den Regelungen zum Versorgungskrankengeld werden weitere gesetzliche Regelungen wie etwa für Wegeunfälle oder die Kriegsgefangenschaft analog angewendet.

Ausbildungsgeld

Das Ausbildungsgeld soll der Sicherstellung des Lebensunterhalts dienen und wird in der Regel von der Bundesagentur für Arbeit für behinderte Menschen erbracht. Ein Anspruch auf diese Leistung besteht aber nur, wenn Sie keinen Anspruch auf Übergangsgeld haben. Das Ausbildungsgeld unterliegt grundsätzlich den gleichen Vorschriften wie die Berufsausbildungsbeihilfe. Es gibt jedoch speziell für das Ausbildungsgeld noch weitere besondere Regelungen, insbesondere für die Festsetzung des Bedarfs und für die Anrechnung von Einkommen.

Die Höhe des Grundbetrags entspricht der, die auch im Rahmen der Berufsausbildungsbeihilfe angesetzt wird. Es handelt sich um einen festgelegten pauschalen Betrag, der keine individuell anfallenden Kosten (wie Miete oder Lebensmittel) berücksichtigt.

Bemessen wird der pauschale Bedarf anhand verschiedener Kriterien. So kommt es darauf an, welche Art von Maßnahme Sie absolvieren oder wo Sie während dieser Maßnahme wohnen. Auch Alter und Familienstand können dabei eine Rolle spielen. Bestimmte Beträge bleiben bei der Anrechnung von Einkommen unberücksichtigt bzw. werden anders als bei der Berufsausbildungsbeihilfe bewertet.

Folgende Freibeträge werden bei der Bewilligung von Ausbildungsgeld berücksichtigt:

- bei Waisenrente, Waisengeld oder Unterhaltsleistungen: 242 Euro,
- Einkommen des Ehegatten oder Lebenspartners, des getrennt lebenden Elternteils, bei dem der Auszubildende vor Beginn der Maßnahme gelebt hat, oder des verwitweten Elternteils: 1.813 Euro,
- Einkommen beider Elternteile, wenn diese nicht dauernd getrennt leben: 2.909 Euro.

Ein Anspruch auf Ausbildungsgeld besteht grundsätzlich nur für die Dauer der Teilnahme an der Maßnahme und wird nachträglich ausgezahlt. Dabei wird jeder Monat mit 30 Tagen berechnet.

Unterhaltsbeihilfe

Bei der Unterhaltsbeihilfe handelt es sich um eine Geldleistung der Träger der Kriegsopferfürsorge. Sie soll der Sicherung des Lebensunterhalts während einer erstmaligen beruflichen Ausbildung oder berufsvorbereitenden Maßnahme dienen.

Sie können Unterhaltsbeihilfe erhalten, wenn Sie die Voraussetzungen für die Gewährung von Übergangsgeld erfüllen, jedoch bisher noch nicht beruflich tätig waren.

Beiträge und Beitragszuschüsse

Sind Sie Rehabilitand, dann sollten Sie während der Inanspruchnahme von Leistungen zur medizinischen Rehabilitation und Leistungen zur Teilhabe am Arbeitsleben sozialversicherungsrechtlich möglichst so abgesichert sein, wie Sie es vor Beginn der Maßnahme waren. Daher werden vom zuständigen Rehabilitationsträger grundsätzlich neben Ihrer unterhaltssichernden Geldleistung wie Übergangsgeld auch die Beiträge und Beitragszuschüsse zur Krankenversicherung, gegebenenfalls zur Unfallversicherung, zur Rentenversicherung, zur Bundesagentur für Arbeit sowie zur Pflegeversicherung getragen.

Wer Übergangsgeld erhält, ist sozialversicherungspflichtig und somit auch zur Zahlung von Beiträgen in die Renten-, Kranken- und Pflegeversicherung verpflichtet. Die Einzelheiten zum Fortwähren eines Versicherungsschutzes bestimmen sich nach den Leistungsgesetzen des jeweils zuständigen Rehabilitationsträgers. Daher würde es an dieser Stelle zu weit führen, alle Konstellationen im Einzelnen darzustellen.

Eine Arbeitslosenversicherung besteht in der Zeit nicht. Eine daraus resultierende soziale Härte wird durch eine Verlängerung der für einen Anspruch auf Arbeitslosengeld maßgeblichen Rahmenfrist nach

§ 143 SGB III abgewendet, so dass die Betroffenen in der Regel nach Beendigung der Maßnahme weiterhin geschützt sind. Die Beiträge werden vollständig vom Rentenversicherungsträger getragen, mit Ausnahme eines gegebenenfalls von der Krankenkasse erhobenen Zusatzbeitrags und des gegebenenfalls anfallenden Kinderlosenzuschlags in der Pflegeversicherung, die vom Rehabilitanden getragen werden müssen.

Anhang

Wichtige Adressen

Ministerien, Behörden

Bundesministerium für Arbeit und Soziales (BMAS)
Wilhelmstraße 49
10117 Berlin
Telefon: 0 228/9 94 41-0
Fax: 0 228/9 94 41-1921
www.bmas.bund.de

Bundesministerium für Gesundheit (BMG)
Rochusstraße 1
53123 Bonn
Telefon: 0 30/1 84 41-0
Fax: 0 30/1 84 41-4900
www.bmg.bund.de

Bundeszentrale für gesundheitliche Aufklärung (BzgA)
Ostmerheimer Straße 220
51109 Köln
Telefon: 0 221/89 92-0
Fax: 0 221/89 92-300
www.bzga.de

Bundesarbeitsgemeinschaft der Integrationsämter und Hauptfürsorgestellen (BIH)
Geschäftsstelle
c/o LWL-Integrationsamt
Von Vincke-Straße 23–25
48143 Münster
Telefon: 0 251/5 91-3863 u. -4282
Fax: 0 251/5 91-71 42 82
www.integrationsaemter.de

Patientenbeauftragter Bund
Friedrichstraße 108
10117 Berlin
Telefon: 0 30/18 441-3420
Fax: 0 30/18 441-3422
www.patientenbeauftragter.de

Unabhängige Patientenberatung
Bundesgeschäftsstelle
Littenstraße 10
10179 Berlin
Telefon: 0 30/200 89 23-3
Bundesweites Beratungstelefon:
0800/0 11 77 22
kostenfrei aus dem deutschen Festnetz,
Mobilfunktarif abweichend
Fax: 0 30/200 89 23-50
www.unabhaengige-patientenberatung.de

Rehabilitationsträger, Rentenversicherungsträger

Bundesarbeitsgemeinschaft für Rehabilitation e. V. (BAR)
Solmsstraße 18
60486 Frankfurt am Main
Telefon: 0 69/60 50 18-0
Fax: 0 69/60 50 18-29
www.bar-frankfurt.de

Bundesarbeitsgemeinschaft der überörtlichen Träger der Sozialhilfe
Warendorfer Straße 26–28
48133 Münster
Telefon: 02 51/5 91-65 31
Fax: 02 51/5 91-71 49 01
www.lwl.org/LWL/Soziales/BAGues

Bundesagentur für Arbeit
Regensburger Straße 104
90478 Nürnberg
Telefon: 09 11/1 79-0
Fax: 09 11/1 79-21 23
www.arbeitsagentur.de

Deutsche Gesetzliche Unfallversicherung e. V. (DGUV)
Mittelstraße 51
10117 Berlin-Mitte
Telefon: 0 30/28 87 63-8 00
Fax: 0 30/28 87 63-8 08
www.dguv.de

Deutsche Rentenversicherung Bund
Ruhrstraße 2
10709 Berlin
Telefon: 0 30/8 65-2 61 35
Kostenloses Servicetelefon:
08 00/10 00 48 00
Fax: 0 30/86 52 72 40
www.deutsche-rentenversicherung.de

Deutsche Rentenversicherung Knappschaft-Bahn-See
Pieperstraße 14–28
44789 Bochum
Telefon: 02 34/3 04-0
Fax: 02 34/30 46 60 50
www.deutsche-rentenversicherung.de/KnappschaftBahnSee

Sozialversicherung für Landwirtschaft, Forsten und Gartenbau
Weißensteinstraße 70–72
34131 Kassel
Telefon: 05 61/93 59-0
Fax: 05 61/93 59-244
www.svlfg.de

Reha-Servicestellen
www.reha-servicestellen.de

Krankenkassen

Verband der Ersatzkassen e. V. (vdek)
Askanischer Platz 1
10963 Berlin
Telefon: 0 30/2 69 31-0
Fax: 0 30/2 69 31-29 00
www.vdek.com

AOK-Bundesverband (GbR)
Rosenthaler Straße 31
10178 Berlin
Telefon: 0 30/3 46 46-0
Fax: 0 30/3 46 46-25 02
www.aok-bv.de

BKK Dachverband e.V.
Zimmerstraße 55
10117 Berlin
Telefon: 0 30/27 00 406-0
www.bkk-dachverband.de

IKK-Bundesverband
Friedrich-Ebert-Straße/TechnologiePark
51429 Bergisch Gladbach
Telefon: 0 22 04/84-45 51
Fax: 0 22 04/84-45 61
www.ikk.de

Verband der Privaten Krankenversicherung e. V. (PKV)
Gustav-Heinemann-Ufer 74c
50968 Köln
Telefon: 02 21/99 87-0
Fax: 02 21/99 87-39 50
www.pkv.de

Müttergenesung, Kinderkuren, Wohlfahrtsverbände

Aktion Mensch
Heinemannstraße 36
53175 Bonn
Telefon: 0228/20 92 300
Fax: 0228/20 92 7777
info@aktion-mensch.de

Arbeitsgemeinschaft Kinder- und Jugendrehabilitation e. V.
Sophienstraße 25
99518 Bad Sulza
Telefon: 03 64 61/9 70
Fax: 03 64 61/9 78 19
www.ag-kinderreha.de

AWO Arbeiterwohlfahrt Bundesverband e. V.
Heinrich-Albertz-Haus
Blücherstraße 62/63
10961 Berlin
Telefon: 0 30/2 63 09-0
www.awo.org

Deutscher Caritasverband e. V.
Karlstraße 40
79104 Freiburg
Telefon: 07 61/2 00-0
www.caritas.de

Deutscher Paritätischer Wohlfahrtsverband – Gesamtverband e. V.
Oranienburger Straße 13–14
10178 Berlin
Telefon: 0 30/2 46 36-0
Fax: 0 30/2 46 36-110
www.der-paritaetische.de

Deutsches Rotes Kreuz e. V.
DRK-Generalsekretariat
Carstennstraße 58
12205 Berlin
Telefon: 0 30/8 54 04-0
Fax: 0 30/8 54 04-450
www.drk.de

Diakonie Deutschland – Evangelischer Bundesverband Evangelisches Werk für Diakonie und Entwicklung e. V.
Caroline-Michaelis-Straße 1
10115 Berlin
Telefon: 0 30/6 52 11-0
Fax: 0 30/6 52 11-33 33
www.diakonie.de

Elly Heuss-Knapp-Stiftung Deutsches Müttergenesungswerk
Bergstraße 63
10115 Berlin
Telefon: 0 30/3 30 02 90
Fax: 0 30/33 00 29-20
www.muettergenesungswerk.de

Ev. Arbeitsgemeinschaft für Müttergenesung e. V.
Reichensteiner Weg 24
14195 Berlin
Telefon: 0 30/84 41 86 41
Fax: 0 30/84 41 86-54

Heilbäder, Kurorte, Kuranbieter

Deutscher Heilbäderverband e. V. (DHV)
Charlottenstraße 13
10969 Berlin
Telefon: 0 30/2 46 36 92-0
www.deutscher-heilbaederverband.de

Arbeitskreis Gesundheit e. V.
Gustav-Mahler-Straße 2
04109 Leipzig
Telefon: 03 41/8 70 59 59-0
Fax: 03 41/8 70 59 59-59
Kostenlose Servicenummer:
0800/100 63 50
www.arbeitskreis-gesundheit.de

Selbsthilfe, Sozial- und Behindertenverbände, Sportverbände

Bundesarbeitsgemeinschaft SELBSTHILFE e. V.
Kirchfeldstraße 149
40215 Düsseldorf
Telefon: 02 11/3 10 06-0
Fax: 02 11/3 10 06-48
www.bag-selbsthilfe.de

Deutsche Arbeitsgemeinschaft Selbsthilfegruppen e. V.
Otto-Suhr-Allee 115
10585 Berlin
Telefon: 0 30/8 93 40 14
Fax: 0 30/31 01 89 70
www.dag-shg.de

Nationale Kontakt- und Informationsstelle zur Anregung und Unterstützung von Selbsthilfegruppen (NAKOS)
Otto-Suhr-Allee 115
10585 Berlin
Telefon: 0 30/31 01 89 60
Fax: 0 30/31 01 89 70
www.nakos.de

Sozialverband Deutschland e. V. (SoVD)
Bundesgeschäftsstelle
Stralauer Straße 63
10179 Berlin
Telefon: 0 30/72 62 22-0
Fax: 0 30/72 62 22-3 11
www.sovd.de

Sozialverband VdK Deutschland e. V.
Wurzerstraße 4a
53175 Bonn
Telefon: 02 28/8 20 93-0
Fax: 02 28/8 20 93-43
www.vdk.de

Deutscher Behindertensportverband e. V.
Tulpenweg 2–4
50226 Frechen
Telefon: 0 22 34/60 00-0
Fax: 0 22 34/60 00-150
www.dbs-npc.de

Deutsche Behinderten-Sportjugend
Tulpenweg 2–4
50226 Frechen
Telefon: 0 22 34/60 00-213
Fax: 0 22 34/60 00-150
www.dbs-npc.de

Deutscher olympischer Sportbund (DSOB)
Otto-Fleck-Schneise 12
60528 Frankfurt am Main
Telefon: 0 69/6 70 00
Fax: 0 69/67 49 06
www.dosb.de

Bundesverband für körper- und mehrfachbehinderte Menschen e. V. (BVKM)
Brehmstraße 5–7
40239 Düsseldorf
Telefon: 02 11/6 40 04-0
Fax: 02 11/6 40 04-20
www.bvkm.de

Bundesverband für Rehabilitation und Interessenvertretung (BDH)
Eifelstraße 7
53119 Bonn
Telefon: 02 28/9 69 84-0
Fax: 02 28/9 69 84-99
www.bdh-reha.de

Bundesverband Selbsthilfe Körperbehinderter e. V. (BSK)
Altkrautheimer Straße 20
74238 Krautheim
Telefon: 0 62 94/42 81-0
Fax: 0 62 94/42 81-79
www.bsk-ev.org

Bundesvereinigung der Lebenshilfe e. V.
Raiffeisenstraße 18
35043 Marburg
Telefon: 0 64 21/4 91-0
Fax: 0 64 21/4 91-1 67
www.lebenshilfe.de

Deutscher Blinden- und Sehbehindertenverband e. V.
Rungestraße 19
10179 Berlin
Telefon: 0 30/28 53 87-0
Fax: 0 30/28 53 87-20
www.dbsv.org

Deutscher Gehörlosenbund e. V.
Am Zirkus 4
10117 Berlin
Telefon: 0 30/609 895-360
Fax: 0 30/609 895-363
www.gehoerlosen-bund.de

Deutscher Schwerhörigenbund e. V. (DSB)
Sophie-Charlotten- Str. 23 A
14059 Berlin
Telefon: 0 30/47 54 11-14
Fax: 0 30/47 54 11-16
www.schwerhoerigen-netz.de

Interessenvertretung Selbstbestimmt Leben in Deutschland e. V. (ISL)
Bundesgeschäftsstelle Berlin
Krantorweg 1
13503 Berlin
Telefon: 0 30/40 57-14 09
Fax: 0 30/40 57-36 85
www.isl-ev.de

Ombudsmann
Private Kranken- und Pflegeversicherung
Postfach 06 02 22
10052 Berlin
Telefon: 0 18 02/55 04-44
(6 ct. aus dem deutschen Festnetz, Mobilfunkpreise abweichend)
Fax: 0 30 /20 45 89-31
www.pkv-ombudsmann.de

Adressen der Verbraucherzentralen

**Verbraucherzentrale
Baden-Württemberg e. V.**
Paulinenstraße 47
70178 Stuttgart
Telefon: 0 18 05/50 59 99 (0,14 €/min., Mobilfunkpreis maximal 0,42 €/min.)
Fax: 07 11/66 91-50
www.vz-bawue.de

Verbraucherzentrale Bayern e. V.
Mozartstraße 9
80336 München
Telefon: 0 89/5 39 87-0
Fax: 0 89/53 75 53
www.verbraucherzentrale-bayern.de

Verbraucherzentrale Berlin e. V.
Hardenbergplatz 2
10623 Berlin
Telefon: 0 30/2 14 85-0
Fax: 0 30/2 11 72 01
www.vz-berlin.de

Verbraucherzentrale Brandenburg e. V.
Templiner Straße 21
14473 Potsdam
Telefon: 03 31/2 98 71-0
Fax: 03 31/2 98 71-77
www.vzb.de

Verbraucherzentrale Bremen e. V.
Altenweg 4
28195 Bremen
Telefon: 04 21/1 60 77-7
Fax: 04 21/1 60 77 80
www.verbraucherzentrale-bremen.de

Verbraucherzentrale Hamburg e. V.
Kirchenallee 22
20099 Hamburg
Telefon: 0 40/2 48 32-0
Fax: 0 40/2 48 32-290
www.vzhh.de

Verbraucherzentrale Hessen e. V.
Große Friedberger Straße 13–17
60313 Frankfurt/Main
Telefon: 0 18 05/97 20 10 (0,14 €/min., Mobilfunkpreis maximal 0,42 €/min.)
Fax: 0 69/97 20 10-40
www.verbraucher.de

Verbraucherzentrale Mecklenburg-Vorpommern e. V.
Strandstraße 98
18055 Rostock
Telefon: 03 81/2 08 70 50
Fax: 03 81/2 08 70 30
www.nvzmv.de

Verbraucherzentrale Niedersachsen e. V.
Herrenstraße 14
30159 Hannover
Telefon: 05 11/ 9 11 96-0
Fax: 05 11/9 11 96-10
www.verbraucherzentrale-niedersachsen.de

**Verbraucherzentrale
Nordrhein-Westfalen e. V.**
Mintropstraße 27
40215 Düsseldorf
Telefon: 02 11/38 09-0
Fax: 02 11/38 09-216
www.vz-nrw.de

Verbraucherzentrale Rheinland-Pfalz e. V.
Seppel-Glückert-Passage 10
55116 Mainz
Telefon: 0 61 31/28 48-0
Fax: 0 61 31/28 48-66
www.verbraucherzentrale-rlp.de

Verbraucherzentrale des Saarlandes e. V.
Trierer Straße 22
66111 Saarbrücken
Telefon: 06 81/5 00 89-0
Fax: 06 81/5 00 89-22
www.vz-saar.de

Verbraucherzentrale Sachsen e. V.
Katharinenstraße 17
04109 Leipzig
Telefon: 03 41/69 62 90
Fax: 03 41/6 89 28 26
www.verbraucherzentrale-sachsen.de

Verbraucherzentrale Sachsen-Anhalt e. V.
Steinbockgasse 1
06108 Halle
Telefon: 03 45/2 98 03-29
Fax: 03 45/2 98 03-26
www.vzsa.de

Verbraucherzentrale Schleswig-Holstein e. V.
Andreas-Gayk-Straße 15
24103 Kiel
Telefon: 04 31/5 90 99-0
Fax: 04 31/5 90 99-77
www.verbraucherzentrale-sh.de

Verbraucherzentrale Thüringen e. V.
Eugen-Richter-Straße 45
99085 Erfurt
Telefon: 03 61/5 55 14-0
Fax: 03 61/5 55 14-40
www.vzth.de

Verbraucherzentrale Bundesverband e. V.
Markgrafenstraße 66
10969 Berlin
Telefon: 0 30/2 58 00-0
Fax: 0 30/2 58 00-518
www.vzbv.de

Register

A

Aktion Mensch 50
Anamnese 70 f., 74
Anpassung, berufliche 11, **98**
Anschlussrehabilitation 42, 56, **74 f.**
Antrag *siehe* Rehabilitation
Arbeitgeber 70, 74
siehe auch Wiedereingliederung, stufenweise
– Pflichten der 68, 91, 106, 125
– Übernahme von Investitionskosten 104 f.
– Verdienstbescheinigung vom 54
– Zuschüsse für den 11, 103 f.
Arbeitsplatz
– „leidensgerechter“ 91
– Gestaltung des 90, 104 f.
– Hilfen zur Erhaltung oder Erlangung 88 ff.
– Teilhabe am Arbeitsleben **37 ff.**, 53, **103 ff.**, 122, 126, 130 *siehe auch* Rehabilitation, berufliche
Arbeitstherapie 69 ff.
Ausbildungsgeld 128 f.
Ausland, Wohnsitz im 79
siehe auch Rehabilitation, im Ausland

B

Barthel-Index **21 f.**, 34
Belastungserprobung 70 ff.
Beratung **23**, 34, 53
– Arbeitsplatz und Existenzgründung 72, 102, 105
– von Eltern 49, 51, 110
Berufliche Rehabilitation *siehe* Rehabilitation
Berufsunfall 17, 34
Bundesagentur für Arbeit **37**, 39, 88, 128, 130

C

Chemotherapie 55

D

Depression 51, **58 ff.**, 85 f.

E

Eingliederungszuschuss 11, 104 f.
siehe auch Arbeitgeber
Erwerbsersatzeinkommen 121 ff.
Existenzgründung 100 ff.

F

Fahrkosten *siehe* Reisekosten
Fahrkostenbeihilfe 93
Fahrkostenerstattung 78, 118
Finanzielle Unterstützung 89, **115 ff.**
Fördermittel 102, 105
Frist 24, 26, 34 f., 40 f., 74, 127
siehe auch Widerspruchsfrist
Früherkennung *siehe* Kinder, Früherkennung
Frühförderung *siehe* Kinder, Frühförderung
Funktionstraining 80 ff.

G

Geriatrische Rehabilitation *siehe* Rehabilitation
Gründungszuschuss 99 ff.

H

Hamburger Modell *siehe* Wiedereingliederung, stufenweise
Haushaltshilfe 52, 79, 94, **119 f.**
Heilmittel 56, 63
Heilpädagogische Leistung 109 f.
Hilfsmittelverzeichnis 62

I

Integrationsamt 38, 41, 62, 88 f., 97, 104 f.

J

Jugendhilfe, öffentliche 37 ff.

K

Kfz-Steuer 92
siehe auch Kraftfahrzeughilfe-Verordnung
Kinder *siehe auch* Jugendhilfe
– Betreuungskosten 119 f.
– Früherkennung 47 f., 50, 109 f.
– Frühförderung 47 ff., 109 f.
– Genehmigung von Rehabilitationsmaßnahmen 13
– heilpädagogische Leistungen 109 ff.
– Hilfen für ältere 111 f.
– Kinderpflege-Verletztengeld 126
– Reisekosten für 94, 106, 116
Kraftfahrzeughilfen 11, 91
Kraftfahrzeughilfe-Verordnung 91
Krankengeld 67, **121 ff.**
Krankengeld, ruhender Anspruch 124 f.
Krankenkasse **36 ff.**, 44 f., 51, 69, 75, 77, 85 f.
siehe auch Versicherung

Krankenversicherung *siehe* Versicherung
Kriegsopferversorgung/-fürsorge 37 ff.

L

Leistungen 10 ff., **33 ff.**, 62
siehe auch Rehabilitation
– Anspruch auf 14 ff.
– Bewegungstraining 80 ff.
– der Krankenversicherung 34, 36, 57, 60 ff., 110, 121
– der Rentenversicherung 34, 67, 87 ff., 112
– Erbringer der 46 f.
– Lohnersatzleistungen 121 ff.
– unterhaltssichernde 36 ff., 130

M

Mutter-/Vater-Kind-Kur 50 ff.
Müttergenesungswerk 51

O

Onkologische Rehabilitation *siehe* Rehabilitation

P

Parkausweis 92 f.
Pflegeversicherung
siehe Versicherung, Pflegeversicherung
Psychotherapie 57 ff.

R

Rechtsanwalt 30 f.
Rechtsbehelfsbelehrung 26 ff.
Rehabilitation
– ambulante 10, **13**, 27, 46 f., 51, 78, 85, 110
– Antrag auf 16 f., **20 ff.**, 34 f.
– Arten der 10 ff.
– berufliche 11 f., **86 ff.**, 106
siehe auch Arbeitsplatz, Teilhabe am Arbeitsleben
– geriatrische 12, **84 ff.**
– im Ausland 76 ff.
siehe auch Ausland, Wohnsitz im
– medizinische 10, **43 ff.**
– onkologische 54 ff.
– Recht auf 17, 46
siehe auch Leistungen, Anspruch auf
– soziale 11, **107 ff.**
– stationäre 6, 10, **13**, 36, 41, 57
– teilstationäre 14
– Träger der *siehe* Rehabilitationsträger
Rehabilitationsbedarf/-bedürftigkeit 44 f., 84
Rehabilitationsbereitschaft 84
Rehabilitationsfähigkeit 44 f., 84
Rehabilitationsprognose 44 f.
Rehabilitationssport 80 ff.
Rehabilitationsträger **36 ff.**, 134
Reisekosten 94, 106, **116 ff.**
Rente 17, **75 f.**, 79, 87 f., 101, 122, 125
Rentenversicherung
siehe Versicherung, Rentenversicherung
Rentenversicherungspflicht 102 f.
Rentenversicherungsträger 17, 69, 96, 103, 131
Rheuma-Liga 53

S

Selbsthilfe 53, 80 ff., 112
Selbstständigkeit, Aufnahme einer 99 f.
Sozialamt/-ämter 38
Soziale Rehabilitation
siehe Rehabilitation, soziale
Sozialhilfe 38, 107
Sozialhilfeträger 34, **38 f.**, 41, 48, 62, 108, 111 f.
Steuer
– absetzbare Eigenanteile 42
– Kfz 92
– Krankengeld 123

T

Teilhabe, Hilfen zur
– am Arbeitsleben
siehe Arbeitsplatz, Teilhabe am Arbeitsleben
– am gemeinschaftlichen und kulturellen Leben 112 f.
Tiefenpsychologie 60
Trainingsmaßnahmen 89
Trennungskostenbeihilfe 94

U

Übergangsbeihilfe 95
Übergangsgeld **126 f.**
– Anspruch auf 54, 67, 79, 95 f.
– in Bezug auf andere Geldleistungen 122, 124, 128, 130
– keine Zuzahlung 42, 56
Umbau 96, 111 f.
Unfallanzeige 20 *siehe auch* Berufsunfall
Unfallversicherung
siehe Versicherung, Unfallversicherung

Unfallversicherungsträger 17, **37 ff.**, 62, 125
Untätigkeitsklage 26, 28
Unterhaltsbeihilfe 129 f.

V

Verhaltenstherapie **57 f.**, 60
Verletztengeld 125 f.
Versicherung
– Anspruch gegen 16
– Beitragszahlung 130 f.
– Krankenversicherung 23, 51, 60 f., 122 ff.
siehe auch Krankenkasse und Leistungen, der Krankenversicherung
– Leistungserbringung auf Antrag/ von Amts wegen 20
– Pflegeversicherung 62
– Privat Versicherte 28 f., 35, 41, 60, 66
– Rentenversicherung 34, 42, 74, 95
siehe auch Leistungen, der Rentenversicherung
– Unfallversicherung 34, 67
siehe auch Unfallversicherungsträger und Unfallanzeige
– Untersuchung des Rehabilitationsbedarfs 44
– Versorgungsdefizit 78
Versorgungskrankengeld 124, **128**

W

Weiterbildung 11, 89, 93, **98 f.**, 103
Widerspruchsfrist 27 f., 65
Wiedereingliederung, stufenweise 10, **66 ff.**
Wohnsitz *siehe* Ausland
Wohnungshilfe 96 f., 111

Z

Zahlung *siehe* finanzielle Unterstützung und Zuzahlungen
Zuständigkeit **17**, 34, 36, 40, 108
Zuzahlungen
– bei beruflicher Rehabilitation 87
– bei geriatrischer Rehabilitation 86
– bei onkologischer Rehabilitation 55 f.
– bei Rehabilitation im Ausland 78
– für Hilfsmittel 63
– für stationäre Reha-Maßnahmen 41 f.

Impressum

Herausgeber

Verbraucherzentrale Nordrhein-Westfalen e. V.
Mintropstraße 27
40215 Düsseldorf
Telefon: 02 11/38 09-0
Fax: 02 11/38 09-235
E-Mail: ratgeber@vz-nrw.de
www.vz-nrw.de

Text	Christian Au, Jork
Koordination	Frank Wolsiffer
Fachliche Beratung	Kai Vogel
Lektorat	Mendlewitsch//Text/Buch/Konzept Düsseldorf Mitarbeit: Gabriele Richardt
Umschlaggestaltung	Ute Lübbeke, LNT Design, Köln www.LNT-design.de
Gestaltungskonzept	Punkt 8, Berlin www.punkt8-berlin.de
Layout und Satz	Kommunikationsdesign Petra Soeltzer, Düsseldorf, www.petrasoeltzer.de
Titelbild	plainpicture/Maskot
Fotos Innenteil	Fotolia.com: S. 9 © Renaters, S. 19 © Robert Kneschke, S. 33 © MK-Photo, S. 43 © Peter Atkins, S. 83 © Melpomene, S. 115 © fox17, S. 133 © Robert Kneschke
Druck	Aalexx Buchproduktion GmbH, Großburgwedel Gedruckt auf 100 % Recyclingpapier

Redaktionsschluss: 1. April 2014